Wandern mit Kindern

Schwarzwald

Chris Bergmann

BRUCKMANN

DER AUTOR
Chris Bergmann, geb. 1966, durchstreift seit Kindesbeinen den Schwarzwald und nahm als Vater seine eigenen Kinder von klein auf mit auf Wanderungen. Beim Bruckmann Verlag veröffentlicht der Bergsteiger und Pädagoge Wander- und Radführer.

Projektmanagement: Claudia Hohdorf
Textredaktion: Désirée Schoen, München
Satz/Layout: BUCHFLINK Rüdiger Wagner, Nördlingen
Repro: Scanner Service S.r.l.
Kartografie: Heidi Schmalfuß, München
Herstellung: Thomas Fischer
Printed in Italy by Printer Trento

Alle Angaben dieses Werkes wurden vom Autor sorgfältig recherchiert und auf den aktuellen Stand gebracht sowie vom Verlag geprüft. Für die Richtigkeit der Angaben kann jedoch keine Haftung übernommen werden. Für Hinweise und Anregungen sind wir jederzeit dankbar. Bitte richten Sie diese an:
Bruckmann Verlag
Postfach 80 02 40
D-81602 München
E-Mail: lektorat@bruckmann.de

Titelfoto: Kinder in der Natur im Ferienland (Das Ferienland im Schwarzwald GmbH)
Bildnachweis: Alle Fotos im Innenteil vom Autor, mit Ausnahme von: Ute und Peter Freier, S. 17, 21, 32, 36, 37, 62,63, 64, 66; Baiersbronn Touristik, S. 55, 56; Das Ferienland im Schwarzwald GmbH, S. 15; Elztal und Simonswälder Tourismus, S. 68; Touristinformation Bühl, S. 8; Tourist-Information Bühlertal, S. 51; Tourist-Information Forbach, S. 48; Touristinformation Schluchsee, S. 86, 87; Europapark Rust, S. 19

Die Deutsche Bibliothek - CIP Einheitsaufnahme
Ein Titeldatensatz für diese Publikation ist bei der Deutschen Bibliothek erhältlich.

ISBN 978-3-7654-4294-0

PIKTOGRAMME ERLEICHTERN DEN ÜBERBLICK:

Schwierigkeitsgrad:
- leicht
- mittel
- anspruchsvoll

- Weglänge
- Gehzeit
- Höhenunterschied

Zeichenerklärung zu den Tourenkarten

- Autobahn
- Bundesstraße
- Hauptstraße
- Normale Straße
- Nebenstraße
- Weg
- Bahnlinie mit Bahnhof
- Wandertour
- Tourenvariante
- Fernwanderweg
- A E Ausgangs-/ Endpunkt der Tour
- Richtungspfeil
- Stufen
- Gipfel
- Pass
- Tunnel
- Quelle
- Wasserfall
- Seilbahn
- P P+R Parkmöglichkeit
- H Bushaltestelle
- Bahnhof
- Hafen
- Flugplatz
- Information
- Krankenhaus
- F Feuerwehr
- N 0 1km Maßstabsleiste (1:100 000)
- Kirche/ Kloster
- Burg/ Schloss/ Ruine
- Turm
- Leuchtturm
- Schutzhütte
- Jugendherberge
- Campingplatz
- Übernachtungsmögl.
- Einkehrmöglichkeit
- Rastplatz
- Höhle/ Grotte
- Bademöglichkeit
- Therme
- Mühle
- Windmühle
- Museum
- Prähist. Fundstelle
- Denkmal
- Bildstock
- Markanter Baum
- Landschaftl. Höhepunkt
- Sehenswert
- Freiburg Sehenswerter Ort
- Aussichtsstelle
- Weinanbau
- Moorgebiet
- Waldgebiet
- NSG Naturschutzgebiet
- Landesgrenze
- Randhinweispfeil

INHALT

Schweizerkopfhütte 3,0 km
Teufelsmühle 7,5 km
Kaltenbronn 11,0 km
Hahnenfalzhütte 5,0 km
Langmartskopfhütte 7,0 km
Hohloh-Turm 11,0 km
Forbach 18,5 km
Westweg
Hahnenfalz 3,0 km
Dobel 5,0 km
Schwanner Warte 13,0 km
Pforzheim 30,0 km
Stierhütte 4,0 km
7,0 km
7,0 km
Schörighalde 2,0 km
Gaisbrunnenplatz 3,0 km
Bierrank 4,5 km
Bad Herrenalb 5,0 km

Herbstwanderung in Bühl

Wandern mit Kindern im Schwarzwald

TIPPS ZUM WANDERN MIT KINDERN

Der Schwarzwald ist ein Paradies für Wanderungen mit Kindern: Wasserfälle, Burgen, Höhlen, wildromantische Täler und bizarre Felsen bilden den Rahmen für spannende Natur- und Kulturwanderungen in einem an Abwechslungsreichtum kaum überbietbaren Bergland. Blitzsaubere Seen laden zum Baden ein, Dampfeisenbahnen und Gondelbahnen erleichtern den Aufstieg, um die traumhaften Panoramen im höchsten deutschen Mittelgebirge zu genießen. 25 für Familien besonders geeignete Routen stellt dieser praktische Führer vor, um Kinder mit der Natur vertraut werden zu lassen und sie zu führen auf lehrreichen Abenteuer-Wanderungen: durchs Moor, zu Quellen und Felsen, durch Schluchten und Urwälder. Zu den Tourenvorschlägen kommen detaillierte Karten und zahlreiche Tipps zu Kinderwanderwegen im Schwarzwald, Lehrpfaden, Burgen und Schlössern, Aussichtstürmen und Museumseisenbahnen.

Erlebnis- und zielorientiert wandern

Erwachsene haben die Ergebnisorientiertheit des Berufslebens verinnerlicht und wandern daher meist zielorientiert: Im Vordergrund stehen »der Gipfel«, die »zünftige Rast« oder »der (Weit-)Wanderweg von A nach B«. Kinder hingegen wandern erlebnisorientiert, solange ihre natürliche Neugier nicht eingeengt wird, und interessieren sich für vieles am Wegrand, was Erwachsene kaum noch wahrnehmen. Vor allem Kindern im Vorschulalter muss daher beim Wandern die Möglichkeit gegeben werden, Neugier und Erkundungstrieb auszuleben. Sie müssen auch in ihren eigenen Entdeckungen am Wegrand respektiert werden: Das kann eine besondere Blume ebenso sein wie ein Tier oder ein auffälliger Baum oder Vogel. Dass die Verweil- und Rastpunkte so sauber verlassen werden, wie sie vorgefunden werden: Auch das lernt ein Kind nicht in der Schule, sondern von den Eltern – und verinnerlicht dabei, dass Natur auch ein Spielraum, aber immer zu schützen und zu schonen und sauber zu halten ist.

Bei Schulkindern muss die auf ein erfolgreiches Berufsleben vorbereitende Zielorientiertheit mit der kindlichen Erlebnisorientiertheit beim Wandern in ein ausgewogenes Verhältnis gebracht werden. Zum reinen Erleben tritt die sportliche Herausforderung ebenso wie die Vermittlung von Bildungsgut: Das spielerische und dennoch zielgerichtete Erlernen der Namen von Bäumen und Pflanzen, von Geschichte und Geschichten spielt dabei eine ebenso große Rolle wie ein sich stetig vertiefender Einblick in ökologische Zusammenhänge.

Gut vorbereitet sein

Wandern mit Kindern verlangt von den Eltern ein hohes Maß an Vorbereitung. Je nach Alter der Kinder wird jede Wanderung anders sein, da Kinder die Welt in jedem Alter verschieden wahrnehmen. Am besten ist es, wenn Eltern eine Wanderung mit den Augen ihrer Kinder planen und sich im Vorfeld bestmöglich darüber informieren, was auf der Wanderung erlebenswert ist. Hierzu gehören Geschichten von Grafen, Raubrittern, weißen Jungfrauen und Zwergen ebenso wie die Kenntnis jahreszeitlicher Erscheinungen, z.B. das Wissen, wann welche Beeren reifen und gepflückt werden können, wie die schöne weiße Pflanze im Moor heißt (Wollgras), ob Orchideen geschützt sind, wie welcher Vogel singt, wie sich eine Tanne von einer Fichte unterscheidet. Wandern ist eine Schule mit allen Sinnen, auch für die Eltern, wobei jedoch die Eltern, obwohl sie selbst Lernende sind, die Verantwortung für die Kinder und deren Bildung tragen.

Weglänge: Kinder wandern dreimal so viel

Für Vorschulkinder gilt eine Wanderung von bis zu vier Stunden auf gefahrlosen Wegen als Maximum. Nicht die Weglänge, sondern die Zeit ist dabei entscheidend, da Kilometerangaben bei Kindern in der Regel mit drei multipliziert werden müssen: Kinder rennen so gern hin und her und zeigen ihren Eltern so viele Entdeckungen, dass aus einer 4 km langen Strecke gern 12 km werden. Vor diesem Hintergrund sind alle Kilometer- und Zeitangaben zu interpretieren: Nach den gängigen Formeln für Erwachsene ist eine 16-km-Wanderung in vier Stunden zu schaffen – für Kinder könnte diese Strecke jedoch bis zu 48 km lang werden: Das können Kinderbeine unmöglich schaffen. Beziehen Sie also den wichtigen Faktor »Kinder laufen viel mehr als Erwachsene« in Ihre Planung mit ein und wählen Sie diejenigen Strecken aus, die dem Alter Ihrer Kinder angemessen sind. Das Wanderwegenetz im Schwarzwald ist auch in solchen Gebieten, die für den Individualverkehr gesperrt sind, optimal mit öffentlichen Verkehrsmitteln wie Seilbahnen oder Bussen erreichbar.

In den Gondeln der Belchen-Bahn schwebt man bequem gipfelwärts.

Aufstiegshilfen im Schwarzwald

Wanderer, die sich die Eigenschaft »zünftig« zudenken, rümpfen über Aufstiegshilfen wie Seilbahnen oder Sessellifte gern die Nase, doch die kürzesten und steilsten Wege auf einen Berg sind für Kinder oft die unattraktivsten: Erlebnisreiche Wege haben Windungen, führen an Wasserfällen und Felsen vorbei.

Seilbahnen und Sessellifte

Belchen-Seilbahn: Die Belchen-Seilbahn erschließt den dritthöchsten Schwarzwaldberg. Die Gondeln schweben in fünf Minuten von der Talstation (1074 m) beim Hotel »Jägerstüble« zur Bergstation (1356 m) neben dem autofreien Belchenhaus. Von dort führt ein aussichtsreicher Lehrpfad in 20 Minuten zum Belchengipfel (1414 m).

Feldbergbahn: Die Feldbergbahn fährt vom Parkplatz am Feldberger Hof (1260 m) zum Bismarck-Denkmal (1247 m) auf dem Seebuck, dem Ostgipfel des Feldbergmassivs. Von der Bergstation ist in wenigen Minuten der Feldbergturm (Aussichtsturm) auf dem Seebuck und in einer Dreiviertelstunde der Feldberggipfel (1493 m) erreichbar, der höchste Berg der deutschen Mittelgebirge.

Hasenhorn-Sessellift: Der Hasenhorn-Sessellift überwindet rund 400 Höhenmeter vom Wiesental zum Todtnauer Hausberg. Von 660 m schwebt er auf 1065 m, bei der Bergstation beginnen zahlreiche Wanderwege wie der Zauberweg sowie der Hasenhorn-Coaster, eine Ganzjahresrodelbahn. Auch zahlreiche Downhiller stürzen sich ab hier bergab: Der MTB-Fun-Park am Hasenhorn war der erste Mountainbikepark Deutschlands.

Merkur-Bahn: Die Merkur-Bahn erschließt den Baden-Badener Hausberg Merkur, einen der schönsten Aussichtspunkte des Nordschwarzwalds. Als eine der längsten Standseilbahnen Deutschlands überwindet sie auf 1192 m Länge Steigungen von bis zu 54 %. Die an das Stadtbusnetz angeschlossene Talstation liegt auf 287 m, die Bergstation auf 657 m. Von der Bergstation führt ein Wanderweg in wenigen Minuten zum Merkurgipfel (668 m). Während der Fahrt beeindrucken vor allem die enormen Steigungen.

Ruhestein-Sessellift: Der Sessellift am Ruhestein verkürzt den Aufstieg vom Naturschutzzentrum Ruhestein an der Schwarzwaldhochstraße zum Seekopf um 650 Längen- und 100 Höhenmeter. An der Bergstation am Rand des Naturschutzgebiets »Wildsee-Hornisgrinde« führt der Westweg vorbei, der bis hier in Serpentinen parallel zur Sesselbahntrasse aufwärts führt.

Schauinslandbahn: Die 15-minütige Gondelfahrt auf den Freiburger Hausberg ist die landschaftlich schönste Panoramafahrt unter allen Schwarzwald-Bergbahnen. Die älteste Großkabinen-Umlaufbahn der Welt transportiert zwischen der Talstation in Horben (473 m) und der Bergstation (1219 m) am Schauinsland auch Fahrräder. Von der Bergstation führen Wanderwege in etwa einer Viertelstunde zum Aussichtsturm auf dem Gipfel (1284 m) des Erzkastens.

Sommerbergbahn: Die Sommerbergbahn ist die schnellste und umweltschonendste Verbindung zwischen dem Zentrum des Thermalheilbads Bad Wildbad und dem Höhenerholungsgebiet Sommerberg. Der aussichtsreiche Sommerberg (731 m) hoch über dem Enztal ist der Hausberg von Bad Wildbad und dank der 1908 eröffneten Bergbahn einer der wichtigsten Ausgangspunkte für Wanderungen in Richtung Wildseemoor. Für die 300 Höhenmeter von der Talstation (420 m) über die Panoramastation (500 m) bis zur Bergstation (720 m) benötigt die Standseilbahn weniger als zehn Minuten.

Turmbergbahn: Die Turmbergbahn ist die Standseilbahn auf den Turmberg (256 m), den Karlsruher Hausberg und nördlichsten Schwarzwaldberg. Zwischen der Talstation in Durlach und der Bergstation beim Aussichtsturm überwindet sie auf einer Länge von 315 m 100 Höhenmeter bei Steigungen von bis zu 36,2 %.

Die Vermittlung von Leistungsethos gehört zur Erziehung, doch wenn Kinder noch zu klein für solche Anstiege sind, ist die Seilbahn als öffentliches Verkehrsmittel eine optimale Aufstiegshilfe: Oben sind sie nicht »kaputt«, sondern voller Energie, und auch die Eltern haben dann einen ganz anderen Blick in die Welt der Berge und sind nicht genervt von einem unerfreulichen Aufstieg. Die Bergstation kann sogar, denken wir an den Belchen, den Schauinsland oder den Feldberg, Ausgangspunkt für verschiedene Wanderungen (an verschiedenen Tagen) sein: Einmal nimmt man die Abstiegsroute über den Feldsee, beim anderen Mal durchs Zastlerloch, einmal ist der Erzkasten-Rundwanderweg auf dem Schauinsland angesagt, dann die Talwanderung nach Horben usw. Kinder haben nicht das Geringste dagegen, einen Ort, den sie als schön erlebt haben, noch einmal aufzusuchen. Und irgendwann, wenn das richtige Alter gekommen ist, packt man die Route im Aufstieg an. Zuweilen entdeckt man auch beim Hinauffahren neue Wege, die nicht im Führer stehen, und solche »Entdeckungen« bereichern das Wandern wesentlich.

Wanderausrüstung

Schon ab etwa sechs Jahren tragen Kinder voller Stolz ihren ersten eigenen Rucksack, bestückt mit persönlichen Ausrüstungsgegenständen. In diesem Alter ist es selbstverständlich, dass die Eltern die Rucksäcke der Kinder entlasten, indem sie ihnen schwere Teile abnehmen: Der gefüllte Kinderrucksack darf 10 % des Eigengewichts des Kindes nicht übersteigen.

Ein kleiner Daypack reicht für Kinder.

Rutschfeste, trittsichere und wasserdichte Wanderschuhe (oder Trekkingstiefelchen), die die Knöchel umschließen, machen das Wandern zum Vergnügen und sind unabdingbar für das Begehen felsiger und wurzeliger Pfade und Steige – und davon gibt es zahlreiche im Schwarzwald. Achten Sie auf Qualität, denn Billigschuhe sind beim Wandern eine Qual. Gute Lederschuhe (es sollten im Schwarzwald tatsächlich Schuhe sein, keine Halbschuhe) sind zwar teuer, aber, was das Wandern betrifft, eine Investition fürs Leben – auch wenn die Kinder rasch aus ihnen herauswachsen. Nur mit guten Wanderschuhen können bergerfahrene Eltern ihren Kindern die so wichtigen Grundlagen des Gehens beibringen: dass man bei Trockenheit ohne zu rutschen auf schrägen Felsplatten gehen kann, wie man sich in felsigem oder leicht ausgesetztem Gelände sicher bewegt, dass auch die beste Profilsohle auf feuchten Wurzeln wie auf Seife rutscht.

Die weitere Wanderausrüstung im Schwarzwald kann sich auf ein Minimum beschränken: Gegen kalte Winde auf den Höhen und plötzliche Wetterumschwünge helfen eine wind- und wasserdichte Jacke sowie ein warmer Pullover, die deshalb immer im Rucksack mitgeführt werden sollten: Wenn es beim Ausgangspunkt im Tal warm ist, heißt das nicht, dass oben auf dem Gipfel nicht ein kühler Wind pfeift. Ebenfalls in den Rucksack gehören Wasserflasche und eventuell Wegzehrung. Auch Sonnenschutz (Creme, Kopfbedeckung, Sonnenbrille) ist unabdingbar. Trotz gut markierter Wege ist die Mitnahme einer Karte empfehlenswert. Kompass, Höhenmesser usw. benötigt man im Schwarzwald nicht, die Mitnahme ist dennoch empfehlenswert, da man den Kindern den Umgang damit zeigen sollte. Auch die Bedienung des zur Standardausrüstung gehörenden Handys muss Kindern gezeigt werden: Das Handy ist nur für Notsituationen da und bleibt ansonsten beim Wandern stets ausgeschaltet.

Aktuelle Wanderkarten benutzen

Im Schwarzwald wurde eine neues Markierungssystem eingeführt, deshalb ist es wichtig, mit Kindern die aktuellen Wanderkarten zu benutzen. Die offiziellen Naturparkkarten im Maßstab 1:50 000 sind zugleich die offiziellen Wanderkarten des Schwarzwaldvereins; sie werden unter der Reihenbezeichnung »Freizeitkarten« vom Landesvermessungsamt Baden-Württemberg herausgegeben. Sie verzeichnen die Wanderwege des Schwarzwaldvereins sowie viele weitere Wanderwege und genügen der Orientierung auf den meisten Wanderungen. Eine Ergänzung sind die »Wanderkarten«, die das Landesvermessungsamt im Maßstab 1:30 000 bzw. 1:35 000 für ausgewählte Gebiete herausgibt. Im vorliegenden Führer werden bei jeder Wanderung die entsprechende Freizeit- und – sofern vorhanden – Wanderkarte genannt.

Wanderverein

Der Schwarzwaldverein, der älteste deutsche Gebirgs- und Wanderverein, gibt Wander- und Radtourenkarten heraus, markiert und unterhält die Wanderwege und Wanderhütten und ist mit einer informativen Website im Internet präsent. Info: Schwarzwaldverein, Schlossbergring 15, 79098 Freiburg, Internet www.schwarzwaldverein.de

Markierung und Ausschilderung

Die Wanderwege im Schwarzwald sind so gut ausgeschildert und markiert, dass ein Verirren praktisch unmöglich ist. Die Grundmarkierung ist eine farbige Raute:

- rote Raute: überregionale Fernwanderwege,
- blaue Raute: Zugangswege zu den überregionalen Wegen,
- gelbe Raute: lokale Wanderwege.

Bei diesem neuen flächendeckenden Markierungssystem stehen an allen markanten Punkten und Verzweigungen Wegweiser mit namentlicher Ausschilderung der nächsten Orte, meist in Verbindung mit einer exakten Entfernungsangabe und dem Hinweis auf Gasthäuser, Aussichtspunkte, Bahnhöfe und Bushaltestellen. Neben der »neuen« gelben Raute finden sich auch noch »alte« Markierungszeichen wie Grünpunkt, Rotstrich usw.

Fahrplanauskunft
Die »ElektronischeFahrplanAuskunft Baden-Württemberg für Busse und Bahnen« listet alle Verbindungen zu den Ausgangs- und Endpunkten von Wanderungen auf: www.efa-bw.de

Auskunft

Naturpark Südschwarzwald, Haus der Natur Südschwarzwald, Dr.-Pilet-Spur 4, 79868 Feldberg, Internet www.naturpark-suedschwarzwald.de; Naturpark Schwarzwald Mitte/Nord e.V., Herrenfelder Str. 14, 72250 Freudenstadt, Tel. 07441/92 00, Internet www.naturparkschwarzwald.de

Kinderwanderwege und Kinderwagenwanderwege

Im Schwarzwald existieren Dutzende gut gemachter Lehrpfade speziell für Kinder und Jugendliche. Da die Zielgruppe jedoch nicht homogen ist, muss jeder entscheiden, welche Art von Lehrpfad für welches Kind in welchem Alter richtig ist: geologischer Lehrpfad, Fischlehrpfad, Hirtenweg usw. – die Schwarzwald-Tourist-Information listet rund 50 Lehrpfade schwarzwaldweit auf (www.schwarzwald-tourist-info.de). Neuerdings werden spezielle »Kinderwanderwege« eingerichtet. Den Anfang machte im Mai 2002 der Todtnauer Zauberweg als »erster deutscher Kinderwanderweg«. Derzeit ist die Anlage eines »Kinderwanderwegs« auf dem Schauinsland in Planung, weitere werden sicherlich auch andernorts folgen. Als Tendenz scheint sich abzuzeichnen, dass Kinderwanderwege die Option bieten, kindgerechte Felspassagen (die Teil der Route sind) auf kinderwagenfähigen Wegen umgehen zu können, sodass auch Eltern mit Kleinkindern eine Chance haben, weiterzukommen, während die dem Kinderwagen entwachsenen Sprösslinge über die Felsen kraxeln.

»Kinderwanderwege«

Zauberweg am Hasenhorn: Der Zauberweg am Hasenhorn, dem Todtnauer Hausberg, beginnt an der Bergstation des Hasenhorn-Sessellifts (siehe Wanderung Nr. 21). Passend zum Weg ist das Buch »Der Zauberweg am Hasenhorn« erschienen.

Ritterweg zur Kastelburg: Er führt in 20 Min. von Waldkirch zur Kastelburg, dem Wahrzeichen der Stadt im Elztal. Entlang des Wegs, der hinter dem Bahnhof beginnt, »erzählen« Ritterfiguren aus ihrem Leben (siehe Wanderung Nr. 13).

Walderlebnispfad Kandern: Der 2003 eröffnete Walderlebnispfad Kandern vermittelt Wissenswertes über den Wald im Schwarzwald, Felspassagen können mit dem Kinderwagen umfahren werden. Ein besonderer Tipp ist die Begehung des Walderlebnispfads in Kombination mit einer Fahrt auf der Museumseisenbahn »Chanderli«. Am Museumsbahnhof beginnt zudem der sehr empfehlenswerte Wald-Biotoplehrpfad zur Wolfsschlucht.

Entdeckungspfad Belchen: Der Entdeckungspfad Belchen führt auf gut 1 km Länge aussichtsreich von der Bergstation der Belchenbahn über den Belchengipfel. Die zahlreichen Informationstafeln richten sich eher an ältere Schulkinder. Laut Belchen-Broschüre ist der Entdeckungspfad kinderwagentauglich.

Murgtalpfad: Von der Quelle in knapp 1000 m Höhe folgt der mit mehr als 50 Lehrtafeln über Geologie, Geschichte, Wasserwirtschaft, Botanik u. a. Themen versehene Murgtalpfad (siehe Wanderung Nr. 25) der Hauensteiner Murg durch den Hotzenwald bis zur Mündung in den Hochrhein. Ein Klassiker für Kinder im Schulalter und auch für Erwachsene ein Genuss.

LANDSCHAFT UND NATUR

Auf einer Länge von 166 km erstreckt sich der Schwarzwald vom Durlacher Turmberg im Norden bis Bad Säckingen am Hochrhein, seine höchste Erhebung ist der aussichtsreiche Feldberg (1493 m) im Südschwarzwald, der höchste Nordschwarzwaldberg ist die ebenso aussichtsreiche Hornisgrinde (1163 m) am sagenumwobenen Mummelsee.

Frühlingsgefühle

Nahezu der gesamte Schwarzwald ist als Naturpark ausgewiesen: Der Naturpark Schwarzwald Nord/ Mitte ist mit 3600 km² der größte Naturpark in Deutschland, gefolgt vom Naturpark Südschwarzwald (3300 km²), der nahtlos an ihn anschließt.

Auch die klimatischen Gegebenheiten machen den Schwarzwald fast ganzjährig zu einem Wanderparadies mit Kindern.

Die sonnige, felsige Schauseite des Gebirges erhebt sich aus der Oberrheinebene, der wärmsten Region Deutschlands: Während andernorts im Frühjahr noch Schnee liegt, können Eltern und Kinder hier in den Rebhängen der Badischen Weinstraße, der Ortenau und des Kaiserstuhls schon in einem Blütenmeer wandern. Und während im kalendarischen Frühsommer auf den Höhen subalpine Pflanzen ihre Blüten entfalten, gedeihen in knapp 20 km Luftlinienentfernung in den Westhängen des Gebirges Erdbeeren und Trauben. Im Winter wiederum locken die Höhen bei Inversion zu sonnigen Wanderungen über den Nebelmeeren, durchschnittlich alle zwei Tage mit Alpenblick, und wenn der Schnee zu hoch für Fußwanderungen liegt, geht man mit den Kindern auf Skiwanderung.

»Lothar« und die Bäume

An Weihnachten 1999 tobte der Orkan »Lothar« mit Geschwindigkeiten von bis zu 240 km/h über die Vogesen und den Schwarzwald und warf Millionen von Festmetern Holz. Der von den hoch bezahlten Experten des Deutschen Wetterdienstes nicht vorausgesagte »Weihnachtssturm« übertraf alles bis dahin Erlebte; er entwurzelte nicht nur Fichten und andere standortfremde Flachwurzler und Monokulturen, sondern legte auch naturnahe Eichen- und Buchenwälder nieder. Allein auf dem Gebiet der mit am stärksten betroffenen Gemarkung Nordrach im mittleren Schwarzwald warf der Sturm etwa eine halbe Million Festmeter Holz, zahlreiche Hänge wurden regelrecht blank gefegt. Die entstandenen Freiflächen bieten heute einen großen Aussichtsreichtum, die ökologischen Auswirkungen der großflächigen Windwürfe werden sich erst in einigen Jahren zeigen. Da eine Wiederaufforstung aller Gebiete aus Kostengründen unmöglich ist, wird sich vielerorts eine neue Flora entwickeln. Es steht zu erwarten, dass sich auf den nicht mit Fichten aufgeforsteten Flächen wieder der natürliche Wald mit entsprechenden Lebensgemeinschaften in Fauna und Flora durchsetzt.

Lotharpfad: An einer Windwurfstelle längs der Schwarzwaldhochstraße wurde der Lotharpfad eingerichtet. Dieser rund 800 m lange »Lehr- und Erlebnispfad« führt durch einen dichten Verhau aus umgestürzten Bäumen, aufgeklappten Wurzeltellern und zersplitterten Stämmen. Besucher können beim Rundgang über Stege, Leitern und Treppen hautnah erleben, wie die Natur zurückschlägt, wenn der Mensch falsch mit ihr umgeht.

Waldkirch ist das Mekka des Orgelbaus. Seit Mitte des 19. Jahrhunderts werden hier Jahrmarktsorgeln, Drehorgeln und Leierkästen hergestellt.

SEHENS- UND ERLEBENSWERTES

SCHWARZWALDHOCHSTRASSE

Die Schwarzwaldhochstraße ist eine der attraktivsten Ferienstraßen Deutschlands und für die Anreise mit Kindern für Wanderungen im Nordschwarzwald bestens geeignet. Auf einer Länge von 60 km verbindet sie Baden-Baden und Freudenstadt auf Höhen zwischen 700 und 1100 m: Entlang der Strecke bieten sich prachtvolle Ausblicke in die Schwarzwaldtäler, ins Rheintal und zu den Vogesen sowie im Spätherbst und Winter bis zu den Alpen. Die Hotels und Parkplätze längs der Straße sind Ausgangspunkte für lohnende Wanderungen auf Aussichtsberge, zu Wasserfällen, malerischen Felsgruppen und Karseen, und im Winter ist das Gebiet längs der Schwarzwaldhochstraße ein Eldorado für alpine und Langlauffreuden. Wegen des guten öffentlichen Busverkehrs lohnen sich auch Streckenwanderungen über die Berge und durch die Moore längs der Schwarzwaldhochstraße: Der Westweg und der Europäische Fernwanderweg E 1 folgen der Schwarzwaldhochstraße vom Kurhaus Sand (Bühl) über die Hornisgrinde bis zur Alexanderschanze, wobei die Route an Bushaltestellen immer wieder die Straße tangiert.

Von Baden-Baden bis zur Alexanderschanze am Kniebis bei Freudenstadt folgt die Schwarzwaldhochstraße der B 500. In Baden-Baden lohnt die Wanderung zu den Geroldsauer Wasserfällen im Grobbachtal und zum aussichtsreichen Kreuzfelsen. Nächster Höhepunkt ist die Bühlerhöhe (Bühlertal) mit dem Falkenstein, dem Marienstein und zahlreichen weiteren Aussichtsfelsen. Wenig später ist am Hundseck der Abstieg in die wasserfalldurchbrauste Gertelbachschlucht möglich, eine der urtümlichsten Schluchten des Schwarzwalds.

Während die genannten Objekte im Granit des Grundgebirges liegen, führt die Schwarzwaldhochstraße im weiteren Verlauf durch den Buntsandsteinschwarzwald: Hier erheben sich wie auf einem First die höchsten Gipfel des Nordschwarzwalds, darunter als höchster die aussichtsreiche Hornisgrinde; an ihrem Fuß liegt der Mummelsee, der schönste und meistbesuchte Karsee des Schwarzwalds.

Ein ausgezeichneter Ausgangspunkt für Wanderungen zum Seekopf über dem Wildseekar ist das Naturschutzzentrum Ruhestein; am Ruhestein zweigt auch die Straße zu den Allerheiligenfällen ab – ein lohnenswerter Abstecher. Beim aussichtsreichen Schliffkopf wurde an der Schwarzwaldhochstraße im Juni 2003 ein »Sturmwurferlebnispfad« eröffnet: Er führt über Stege, Leitern und Treppen durch ein Waldgebiet, das der Orkan »Lothar« am zweiten Weihnachtsfeiertag 1999 verwüstet hat. Zwischen Zuflucht und dem Wintersportort Kniebis durchquert die Schwarzwaldhochstraße eine für den Nordschwarzwald typische Hochmoorfläche, bevor sie hinab nach Freudenstadt führt.

▶ VOGTSBAUERNHOF

Das Schwarzwälder Freilichtmuseum Vogtsbauernhof in der Gemeinde Gutach im Gutachtal ist eines der meistbesuchten kulturgeschichtlichen Museen des Schwarzwalds. Rund um den 400 Jahre alten Vogtsbauernhof wurden fünf weitere aus dem mittleren und Nordschwarzwald stammende Höfe des 16.–18. Jh. aufgebaut. Stuben, Schlafkammern und Ställe sind mit Einrichtungsgegenständen, Geräten und Werkzeugen damaliger

Zeit ausgestattet. Hinzu kommen Nebengebäude wie Speicher, Kapelle, Backhaus, Mühle, Schmiede, Säge und von Buchsbaum umrahmte Bauerngärten. Die Waldausstellung im Lorenzenhof informiert über die Waldarbeit, den Transport der Baumstämme ins Tal und die Flößerei. Die Farbenpracht der Bauerngärten, der Duft des Kräutergartens und die Früchte der alten Obstbäume gehören ebenso zum Freilichtmuseum wie die Kühe auf der Weide, die Schweine, die Hühner, Schafe, Ziegen und Gänse.
Umfangreich ist auch das Rahmenprogramm mit Sonderausstellungen, Vorführungen der Mühlen, Sägen und handwerklichen Tätigkeiten.
Info: Schwarzwälder Freilichtmuseum Vogtsbauernhof, 77793 Gutach, Internet www.vogtsbauernhof.org/

EUROPA-PARK RUST

Der Europa-Park Rust ist mit über 3,5 Mio. Besuchern jährlich der größte Freizeitpark Deutschlands und der zweitgrößte Europas nach dem Disneyland Paris. Der 1975 von Roland Mack eröffnete

Alpenexpress Enzian im Europapark

Park bietet über 100 Attraktionen und Live-Shows mit 150 Artisten in elf Themenbereichen, die Achterbahn »Silverstar« ist die größte Europas. Mack besetzte als Erster im Freizeitparkbereich das Thema Europa – »Euro Disney« zog 1992 nach, scheiterte und heißt seit 1995 »Disneyland Paris«. Eine Weltneuheit war damals auch die Kombination aus Natur, Technik und Themenparks. In den 1990er-Jahren ließ Mack als erster Parkbetreiber Hotels errichten, um die Besucher länger als nur einen Tag an den Park zu binden. Der Erfolg des Parks lockte auch zahlreiche Sponsoren.
Info: Verkehrsamt Rust, Fischerstraße 51, 77977 Rust, Internet www.rust.de

▶ HÖHLEN

Die beiden großen Besucherhöhlen des Schwarzwalds befinden sich im äußersten Süden im Muschelkalk des Dinkelbergs.
Die **Erdmannshöhle** bei Hasel ist die berühmteste Tropfsteinhöhle im Schwarzwald. Ihr Schauteil ist 360 m lang, die vermessene Gesamtlänge der Karsthöhle beträgt 2185 m. Zu den Höhepunkten im Schauteil zählen die »Riesentropfsteine«; der größte ist über 4 m hoch und über 2 m dick, sein Alter wird auf rund 1 Mio. Jahre geschätzt. Benannt ist die Höhle nach Wichteln, die hier gewohnt haben sollen, ehe die Menschen kamen.
Die **Tschamberhöhle** am Hochrhein in Rheinfelden-Riedmatt ist eine Quellhöhle mit einem 4 m hohen unterirdischen Wasserfall im Karst des Dinkelbergs. Von den Höhlengängen, von denen bislang 1600 m erforscht sind, sind 600 m für Besucher zugänglich. Die Führung durch das von Wildwassern durchbrauste Labyrinth dauert etwa eine Stunde. Über Stege neben dem glasklaren Höhlenbach, der bei regnerischer Witterung eine gelblich-trübe Färbung annimmt – Hochwassergefahr –, gelangt man in die Quellgrotte, in der der Höhlenbach über eine Steilstufe in ein Becken stürzt. Die Tschamberhöhle liegt an der B 34 zwischen Basel und Bad Säckingen. Parkmöglichkeiten befinden sich in unmittelbarer Nähe am Hotel-Restaurant »Storchen«. Betreut wird sie seit 1890 vom Schwarzwaldverein, der von April bis Oktober an Sonn- und Feiertagen die Führungen veranstaltet.
Info: Stadt Rheinfelden (Baden), Kirchplatz 2, 79618 Rheinfelden (Baden), Internet www.schwarzwaldverein-karsau.de

SCHNELLBAHNEN UND MUSEUMSBAHNEN

Seit die Bahnen von staatlicher Planwirtschaft auf kundenorientierte Dienstleistung umstellen müssen, hat sich die Situation des öffentlichen Verkehrs im Schwarzwald derart grundlegend gewandelt, dass die bequeme Fahrt mit der Bahn fast schon üblicher Bestandteil von Wanderungen ist. An die Stelle maroder Züge sind moderne Schnellbahnen getreten, die im Stundentakt und öfter von Freiburg und Basel (Badischer Bahnhof) aus den Südschwarzwald erschließen; auch der Ringzug auf der Baar (Donaueschingen) ist eine solche Schnellbahn. Der Regio-Verkehrsverbund Freiburg (RVF) bildet auf 3000 km Streckenlänge ein Tarifverbundsystem der Busse, DB- und S-Bahnen in der Stadt Freiburg und den Landkreisen Breisgau-Hochschwarzwald und Emmendingen (Internet www.rvf.de).

bei Kindern immer beliebt: eine Fahrt mit der Museumseisenbahn wie der Sauschwänzlebahn.

Albtalbahn: Die Museumszüge fahren von Mai bis Oktober ein- bis zweimal monatlich sowie am 6. Dezember zwischen Ettlingen und Bad Herrenalb.

Höllentalbahn: Diese tunnelreiche Bahn von Freiburg durch eine der wildesten Schwarzwaldschluchten nach Titisee ist eine der landschaftlich reizvollsten Eisenbahnen im Schwarzwald. Früher schnauften spezielle Dampflokomotiven bergan und bergab, heute verkehren hier moderne Doppelstockzüge im 30-Minuten-Takt, was die Bahnhöfe der Höllentalbahn zu erstklassigen Ausgangspunkten für Wanderungen zu Fuß, mit dem Rad und auf Ski macht: Kirchzarten im Dreisamtal, Himmelreich am unteren Ausgang des Höllentals, Hinterzarten bei der Passhöhe (893 m) der Bahnstrecke und Titisee, wo am größten natürlichen Schwarzwaldsee die Dreiseenbahn nach Bärental und zum Schluchsee abzweigt.

Kandertalbahn: Sie ist neben der Sauschwänzlebahn die bekannteste Museumseisenbahn im Südschwarzwald. Die Oldtimer-Dampfzüge zweigen in Weil am Rhein-Haltingen von der Rheintalbahn ab und fahren auf einer Strecke von 13 km durch das Kandertal in die Töpferstadt Kandern. In den Markgräfler-Dörfern Binzen, Rümmingen, Wittlingen, Wollbach und Hammerstein kann man jeden Sonntag von Mai bis Oktober zu- oder aussteigen. Am 1. Mai 1895 wurde die Nebenstrecke der Rheintalbahn zwischen dem Badischen Bahnhof in Basel und Kandern eingeweiht. 1986 begann der Betrieb als Museumseisenbahn. Heute zählt die Bahn jährlich 15 000 Fahrgäste, darunter viele, die mit dem Rad unterwegs sind, in Kandern den neuen »Walderlebnispfad« begehen und dann das schöne Kandertal ins Rheintal zurückradeln. Anmeldungen nimmt das Verkehrsamt Kandern entgegen, Fahrkarten gibt es an Betriebstagen in Kandern und Haltingen.

Sauschwänzlebahn: Die als Museumsbahn zwischen Zollhaus-Blumberg (702 m) und dem Umkehrbahnhof Stühlingen-Weizen (471 m) durch das Mühlbachtal und die Wutachflühen, eine der urtümlichsten Felslandschaften Südwestdeutschlands, dampfende Bahn steht seit 1988 als technisches Denkmal von nationaler Bedeutung unter Schutz. Für 9 km Luftlinie benötigt sie 25 Schienenkilometer, ihren Namen verdankt sie dem spiralförmigen Routenverlauf und den zahlreichen Kehren, darunter dem einzigen Kreiskehrtunnel einer normalspurigen Mittelgebirgsbahn in Europa.

Info und Fahrplan: www.sauschwaenzlebahn.de

Schwarzwaldbahn: Auf einer der attraktivsten Mittelgebirgsbahnstrecken Europas erschließt die Schwarzwaldbahn den badischen Schwarzwald auf einer Länge von 149 km zwischen Offenburg an der Kinzig und Singen am Hohentwiel. Zu den reizvollsten Abschnitten zählt die Steigung von Hornberg (384 m) im Gutachtal über Triberg (616 m) nach St. Georgen (806 m). Mehrmals jährlich werden Sonderfahrten mit der Schwarzwaldbahn angeboten, darunter »Romantikfahrten« auf der Paradestrecke von Triberg nach St. Georgen und zurück.

AUSSICHTSTÜRME IM SCHWARZWALD

Obwohl zahlreiche Schwarzwaldberge eine hervorragende Aussicht bieten, zählen die Aussichtstürme bei klarer Sicht zu den beliebtesten Zielen. Der nördlichste Schwarzwaldberg, der Turmberg, ist sogar nach einem Aussichtsturm benannt. Ständig werden neue Aussichtstürme gebaut. Der 2003 eröffnete Höchenschwander Aussichtsturm fungiert zugleich als Kletterturm, und seit 2004 steht auf dem Eichberg bei Emmendingen der mit 45 m höchste Aussichtsturm des Schwarzwalds. Aussichtstürme sind auch die Bergfriede von Burgen.

Der Seebuck mit dem Feldbergturm

Blauenturm: Auf dem Hochblauen (1165 m) bei Badenweiler.

Brandenkopfturm: Auf dem Brandenkopf (945 m), dem »König des mittleren Schwarzwalds bei Oberharmersbach; siehe Wanderung Nr. 11.

Brendturm: Auf dem Brend (1149 m), dem Hausberg von Furtwangen.

Eichbergturm: Auf dem Eichberg (349 m) bei Emmendingen, höchster Aussichtsturm im Schwarzwald; siehe Wanderung Nr. 13.

Feldbergturm: Auf dem Seebuck (1448 m), mit dem höchstgelegenen Trauzimmer Baden-Württembergs; siehe Wanderung Nr. 19.

Friedrichsturm: Auf der Badener Höhe (1002 m), dem höchsten Berg von Baden-Baden.

Gugelturm: Auf der Gugel (997 m) bei Herrischried im Hotzenwald.

Hildaturm: Auf dem Lorettoberg (384 m) in Freiburg.

Hochfirstturm: Auf dem Hochfirst (1190 m) zwischen Titisee, Saig und Neustadt.

Hochkopfturm: Auf dem Hochkopf (1263 m), dem Hausberg von Todtmoos.

Hohe-Flum-Turm: Auf der Hohen Flum (536 m) auf dem Dinkelberg.

Hohe-Möhr-Turm: Auf der Hohen Möhr (983 m) zwischen Hausen und Zell im Wiesental.

Hünersedelturm: Auf dem Hünersedel (744 m) im Freiamt.

Kandelpyramide: Auf dem Kandel (1242 m) zwischen Waldkirch und Sankt Peter.

Kastelbergturm: Auf dem Kastelberg (440 m, Burgruine) bei Sulzburg.

Lehenkopfturm: Auf dem Lehenkopf (1039 m) oberhalb von Sankt Blasien.

Riesenbühlturm: Auf dem Riesenbühl (1097 m), dem Hausberg von Schluchsee; siehe Wanderung Nr. 22.

Rothaus-Zäpfle-Turm: Aussichts- und Kletterturm auf dem Höchenschwander Berg (1010 m) in Höchenschwand.

Roßkopfturm: Auf dem Roßkopf (737 m) bei Freiburg zwischen Dreisam- und Glottertal.

An den Allerheiligenfällen

Rümmelesbühlturm: Auf dem Rümmelesbühl (775 m) bei Gresgen.
Schauinslandturm: Auf dem Schauinsland (1284 m), dem Hausberg von Freiburg; siehe Wanderung Nr. 18.
Schwanner Warte: Oberhalb von Straubenhardt am Westweg.
Stöcklewaldturm: Auf dem Stöcklewald (1069 m) zwischen Triberg und Furtwangen.

WASSERFÄLLE

Wasserfälle und Kaskaden in Schluchten zählen vor allem in der Landschaft des Naturparks Schwarzwald Nord/Mitte zu den schönsten Ausflugszielen. Das Gebiet mehrerer Wasserfälle wurde durch steile Wanderwege begehbar gemacht.

Im Naturpark Schwarzwald Nord/Mitte
Absbachwasserfall (Bad Rippoldsau-Schapbach): Der in seiner Wasserführung starken Schwankungen unterworfene mehrstufige Wasserfall hat insgesamt 20 m Fallhöhe.
Allerheiligenfälle (Oppenau): 83 m hohe Wasserfalltreppe in der Lierbachschlucht, imposanteste Wasserfälle im Nordschwarzwald.
Burgbachwasserfall (Bad Peterstal-Griesbach): 15 m Fallhöhe in einem schluchtartigen Seitental der Wolf.
Edelfrauengrab (Ottenhöfen): Mit 8 m Fallhöhe der bekannteste der Wasserfälle in der Klamm des Gottschlägbachs, der hier 100 m zu Tal stürzt.
Gaishöll Wasserfälle (Sasbachwalden): Oberhalb von Sasbachwalden stürzt der Brandbach in Kaskaden durch die von Blockwerk und riesigen Felsen geprägte Gaishöll-Schlucht. Der Wanderweg durch die sagenumwobene Gaishölle kreuzt den Bach auf zwölf Brücken.
Geroldsauer Wasserfall (Baden-Baden): Der Grobbach stürzt aus einer Klamm über eine 9 m hohe Granitstufe in die »Bütte«. Vor allem zur Zeit der Rhododendronblüte ein beliebtes Wanderziel.
Gertelbachfälle (Bühlertal): Bis zu 7 m hohe Wasserfälle in der Gertelbachschlucht.
Laufbachfälle (Loffenau): Die Wasserfälle in der romantischen Schlucht des Laufbachs oberhalb von Loffenau sind durch einen Wanderweg erschlossen.

Monbachtal (Bad Liebenzell): In einem der urtümlichsten Nordschwarzwaldtäler bildet der Monbach zahlreiche Kaskaden und kleinere Wasserfälle; siehe Wanderung Nr. 2.

Sankenbach-Wasserfälle (Baiersbronn): Der Sankenbach stürzt in zwei Stufen über 40 m durch die Karwand des im Sankenbachkessel gelegenen Sankenbachsees; siehe Wanderung Nr. 10.

Im Naturpark Südschwarzwald

Altersbach-Wasserfall (Waldkirch): Beim Gasthaus »Altersbach« an der Kandelstraße, die von Waldkirch aufwärts führt, stürzt das Kandelbächle über eine 5 m hohe Felsstufe.

Fahler Wasserfall (Todtnau): Kaskadenstrecke mit Fallhöhen bis zu 15 m in der Rotenbachschlucht, einer Seitenschlucht des oberen Wiesentals in der Südflanke des Feldbergs.

Am Triberger Wasserfall

Haselbach-Wasserfall (Weilheim): Der Haselbach, ein Nebenfluss der Schlücht, stürzt zwischen Indlekofen und Weilheim durch eine 6 m hohe Steilstufe in einen von der Erosionskraft des Wassers kreisrund ausgeschwemmten Felskessel (Strudelloch).

Höllbachfälle (Görwihl): Der Höllbach tost in bis zu 8,5 m hohen Kaskaden durch eine Seitenschlucht des Albtals im Hotzenwald.

Krai-Woog-Gumpen (Görwihl): In einem 4 m hohen Wasserfall ergießt sich der Schwarzenbach im Hotzenwald über einen Granitriegel in eine Gletschermühle. Mit einem oberen Umfang von 12 m ist dieser »Gumpen« der größte Strudeltopf im Südschwarzwald.

Lotenbachklamm (Bonndorf): Bis zu 8 m hohe Wasserfälle in einer der wildesten Seitenschluchten der Wutach; siehe Wanderung Nr. 23.

Menzenschwander Wasserfälle (Sankt Blasien): Ein natürlicher Wasserfall mit 5 m Fallhöhe und ein künstlicher mit 8 m Fallhöhe in der Schlucht der Menzenschwander Alb.

Ravennaschlucht (Breitnau): Von bis zu 15 m hohen Wasserfällen durchbrauste Klamm über dem Höllental; siehe Wanderung Nr. 17.

Rheinfall (Schweiz): Der Rheinfall bei Schaffhausen, einer der größten Wasserfälle Europas, ist vom Südschwarzwald nur einen Katzensprung entfernt und ein sehenswertes Ausflugsziel. Auf einer Breite von 150 m stürzen pro Sekunde rund 800 000 Liter Wasser des Hochrheins etwa 23 m über Jurakalke in die Tiefe.

Rötenbachwasserfall (Friedenweiler): Etwa 5 m hoher Wasserfall in der Rötenbachschlucht, einer Seitenschlucht der Wutach mit ausgesetzten Pfaden und Steigen.

Todtmooser Wasserfälle (Todtmoos): Dreiteiliger Wasserfall mit 6 bis 7 m hohen Fallstufen im Rüttebachtal zwischen Hintertodtmoos und Rütte.

Todtnauer Wasserfall (Todtnau): Imposanter Wasserfall mit einer Fallhöhe von ca. 60 m.

Triberger Wasserfall (Triberg): Die Gutach stürzt hier in sieben Kaskaden 162 m über schroffe Granitfelsen und bildet den höchsten Wasserfall Deutschlands. Das Wasserfallgelände ist durch drei Wanderwege unterschiedlicher Länge erschlossen (45-minütiger Kaskadenweg, 60-minütiger Kulturpfad und 90-minütiger Naturpfad, alle mit Informationstafeln).

Tschamberhöhle (Rheinfelden): 4 m hoher, unterirdischer Wasserfall des Höhlenbachs; vgl. Tschamberhöhle, Seite 20.

Strahlbrusch (Rickenbach): Ca. 4 m hoher Wasserfall am Murgtalpfad im Hotzenwald; siehe Wanderung Nr. 25.

Zweribachfälle (Sankt Peter): Kaskaden von über 10 m Höhe in einer Seitenschlucht des Simonswälder Tals im felsigen Grenzgebiet von Sankt Peter, Sankt Märgen und Simonswald.

▶ BURGEN UND SCHLÖSSER

Fast zahllos sind im Schwarzwald die Schlösser, Burgen und Burgruinen, zu vielen führen Wanderwege, von anderen gehen Wanderwege aus. Viele erhaltene Bergfriede sind gute Aussichtstürme.

Im Naturpark Schwarzwald Nord/Mitte

Alteberstein (Baden-Baden): Der Bergfried dient heute als Aussichtsturm; siehe Wanderung Nr. 6.

Hohengeroldseck (Seelbach): Imposante Burgruine mit weitem Blick auf Kinzig- und Schuttertal.

Hohennagold (Nagold): Ruine auf dem aussichtsreichen Schlossberg hoch über der Nagolder Altstadt; der Bergfried fungiert als Aussichtsturm.

Hornberg: Ruine der um 1200 errichteten Burg mit exzellenter Aussicht; 17 m hoher Bergfried.

Husen (Hausach): Aussichtsreiche Ruine oberhalb von Hausach im Kinzigtal; siehe Wanderung Nr. 12.

Liebeneck (Pforzheim): Stattliche Ruine auf einem Bergsporn über dem Würmtal bei Pforzheim, beliebtes Wanderziel am Ostweg.

Liebenzell: Die Burgruine thront auf 467 m über dem Nagoldtal und ist mit ihrer mächtigen Schildmauer und dem quadratischen Bergfried, der als Aussichtsturm dient, ein Wahrzeichen der Stadt; siehe Wanderung Nr. 2.

Ortenberg: Heute fungiert die markant auf einem Bergsporn hoch über dem Kinzigtal thronende Anlage als Jugendherberge; alljährlich am zweiten Augustwochenende findet im Schlosshof das Schlossfest statt.

Wolfach: Fürstenberger Barockschloss mit Kinzigtal-Flößermuseum in der ehemaligen Schlossküche.

Im Naturpark Südschwarzwald

Bonndorf (Bonndorf): Kulturzentrum, Museum und Schlosspark; siehe Wanderung Nr. 23.

Colombischlössle (Freiburg im Breisgau): Beherbergt seit 1982 das Museum für Ur- und Frühgeschichte der Stadt Freiburg. Zu den Höhepunkten zählen Funde aus keltischen Fürstengräbern.

Fürstlich Fürstenbergisches Schloss (Donaueschingen): Im Schlosspark liegt die Donauquelle.

Hochburg (Sexau): Die imposante Ruine der größten und landschaftlich schönsten Burganlage im Breisgau liegt am Vierburgenweg; siehe Wanderung Nr. 13.

Jesuitenschloss (Merzhausen): Hier gibt es ein Tiergehege und es beginnt ein Naturlehrpfad zum Schönberg.

Kastelburg (Waldkirch): Das Wahrzeichen der Stadt Waldkirch liegt am Vierburgenweg; siehe Wanderung Nr. 13.

Landeck (Teningen-Köndringen): Die Burg mit traumhaftem Blick auf die Weinberge des Breisgaus, zum Kaiserstuhl und zu den

Wandern auf den Panoramawegen am Schauinsland

Vogesen sowie zum Südschwarzwald liegt am Vierburgenweg; siehe Wanderung Nr. 13.

Lichteneck (Kenzingen-Hecklingen): Aussichtsreiche Ruine hoch über der Rheinebene; Abstecher vom Vierburgenweg; siehe Wanderung Nr. 13.

Roggenbacher Schlösser (Bonndorf): Die Ruinen der von Raubrittersagen umwobenen Burgen Steinegg und Roggenbach erheben sich hoch über der Steina bei Bonndorf-Wittlekofen. Die Gemäuer bieten malerische Ausblicke ins Steinatal.

Rötteln (Lörrach): Die ehemalige Residenz des Markgräflerlands ist eine der besterhaltenen Burgruinen im Schwarzwald; siehe Wanderung Nr. 24.

Sausenburg (Kandern): Malerische Ruine mit erstklassigem Blick auf das Markgräflerland.

Schönau (Bad Säckingen): Beherbergt das Bad Säckinger Heimatmuseum mit bedeutender ur- und frühgeschichtlicher Sammlung, das Trompetermuseum mit der größten Trompetensammlung Europas und ein Schwarzwälder Uhrenmuseum.

Zähringen (Buchenbach): Der Turm der Burg kann bestiegen werden; siehe Wanderung Nr. 16.

1 Von Waldbronn nach Marxzell

Hoch über dem Albtal: Kurpark Waldbronn – Barbarakapelle – Tornadostein – Ittersbach-Blick – Marxzell

mittel

16,5 km

4 Std.

250 m

▶**Tourencharakter:** Bequeme Waldwanderung mit hervorragenden Aussichtsstellen.
▶**Beste Jahreszeit:** Frühjahr bis Herbst.
▶**Ausgangspunkt:** Parkplatz am Kurhaus in Waldbronn-Reichenbach oder S-Bahn-Haltestelle Reichenbach-Kurpark an der S 11 Karlsruhe Hbf – Busenbach – Waldbronn – Karlsbad.
▶**Endpunkt:** S-Bahn-Haltestelle Marxzell an der S 1 Karlsruhe Hbf – Ettlingen – Busenbach – Marxzell – Bad Herrenalb.
▶**Wanderkarte:** Freizeitkarte 1:50 000 Blatt 516 Karlsruhe (Landesvermessungsamt Baden-Württemberg).
▶**Markierung:** Blaue Raute, weiße Raute, gelbe Raute und namentliche Ausschilderungen.
▶**Verkehrsanbindung:** A 8 Karlsruhe–Stuttgart Ausfahrt Karlsbad und weiter nach Waldbronn. S-Bahn S 11 Karlsruhe Hbf – Busenbach – Waldbronn – Karlsbad bzw. S 1 Karlsruhe Hbf – Ettlingen – Busenbach – Marxzell – Bad Herrenalb.
▶**Einkehr:** Waldbronn, Ittersbach (Abstecher), Marxzell.
▶**Tourist-Info:** Kurverwaltung Waldbronn, Bergstr. 32, 76337 Waldbronn, Internet www.waldbronn.de; Gemeinde Karlsbad, Hirtenstr. 14, 76307 Karlsbad, Internet www.karlsbad.de; Gemeinde Marxzell, Karlsruher Str. 2, 76359 Marxzell, Internet www.marxzell.de

Vom Waldbronner Kurpark führen Wald- und Wiesenwege durch die nördlichen Schwarzwaldberge zur Ruine der Barbarakapelle und an Ittersbach vorbei nach Marxzell im Albtal.

Der Wegverlauf

Von der Terrasse des **Kurhauses Waldbronn**, von der sich der Kurpark gut überblicken lässt, leiten Promenaden zum Konzertpavillon

Die Ruinen der ehemaligen Klosterkirche von Frauenalb sind ein viel besuchtes Ausflugsziel und bilden den Rahmen für Konzerte.

Tipp

Museumsbahn Albtalbahn

Zwischen Mai und Oktober fahren die dampflokbespannten Museumszüge der Albtalbahn ein- bis zweimal monatlich sowie am Nikolaustag zwischen Ettlingen und Bad Herrenalb. Der extra mitgeführte Gepäckwagen transportiert kostenlos Fahrräder. Die Albtalbahn wurde 1897 als Schmalspurbahn gebaut, um Karlsruhe mit dem Hinterland und den Erholungsgebieten im Albtal zu verbinden.
1957 wurde die Strecke auf Normalspur umgebaut, heute fährt hier die S Bahn.

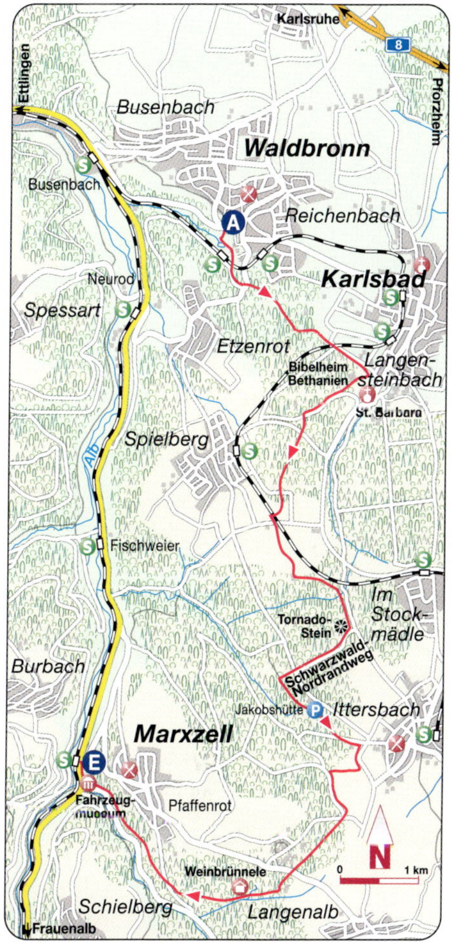

hinab und an der Minigolfanlage vorbei zum Kursee. Von dort führen die blaue Raute und die weiße Raute in Gelb (Schwarzwald-Nordrandweg) hinauf zur S-Bahn-Haltestelle Reichenbach-Kurpark und auf einem Schotterweg zur Etzenroter Straße, wo es links versetzt geradeaus in den Wald geht.

Ein Forstweg führt in sachtem Anstieg vorbei an der **Kuckuckseiche** zu einer Wegespinne. Hier halb links weiter, dann aussichtsreich am Waldrand entlang und am Bethanienheim oberhalb von **Langensteinbach** vorbei zur imposanten Ruine der **Barbarakapelle**. Mönche des Zisterzienserklosters Herrenalb errichteten hier 1330 die spätgotische Wallfahrtskapelle, in der ein Bild der heiligen Barbara als wundertätig verehrt wurde. Die stattlichen Reste der Kirche, um die sich viele Legenden ranken, zählen zu den schönsten Ausflugszielen am Schwarzwald-Nordrand, der Chorflankenturm wurde 1966 als Aussichtsturm begehbar gemacht.

Fahrzeugmuseum Marxzell

Von der Barbarakapelle führen blaue Raute und weiße Raute in Gelb auf dem Kirchenwegle durch den Wald Richtung Ittersbach, wechseln kurz auf einen Teerweg, verlassen ihn wenig später links und bieten bald nach Überqueren einer Straße am Waldrand einen hervorragenden Ausblick auf die Nordschwarzwaldberge. Bald nach Überqueren der S-Bahn-Gleise taucht der Weg wieder in den Wald ein, am **Tornadostein** geht es rechts weiter und später links zur **Jakobshütte**, ehe der Weg an den Sportplätzen oberhalb von **Ittersbach** mit erstklassiger Aussicht wieder aus dem Wald tritt.

Während der Nordrandweg zur S-Bahn-Haltestelle in Ittersbach hinabführt, führt der mit dem Zeichen »Gelbpunkt« und »gelbe Raute« markierte Hans-Haarmann-Weg in den Wald und an der Schutzhütte am **Weinbrünnele** vorbei hinab nach **Marxzell** im Albtal. Das Fahrzeugmuseum Marxzell präsentiert historische Automobile, darunter einen »Adenauer-Mercedes«, Feuerwehrautos, einen Lanz-Traktor und einen alten Borgward.

Durch das Monbachtal

2

Wildromantische Schlucht im Nordschwarzwald: Monbachtal – Monakam – Bad Liebenzell

▶Tourencharakter: Steiniger und wurzeliger Weg/Steig im Monbachtal (Schild: »Begehen auf eigene Gefahr«); danach gute, zum Teil steile Wege und Pfade.
▶Beste Jahreszeit: Frühjahr bis Herbst; nicht bei Hochwasser oder nach starken Regenfällen, dann kann das Bachbett unpassierbar sein.
▶Ausgangspunkt: Haltepunkt Monbach-Neuhausen der Nagoldtalbahn bzw. Parkplätze bei den Sportanlagen bei der Brückenzufahrt zum Monbachtal.
▶Endpunkt: Bahnhof Bad Liebenzell.
▶Wanderkarte: Wanderkarte 1:30 000 Enz/Nagold/Teinach oder Freizeitkarte 1:50 000 Blatt 502 Pforzheim/Naturpark Schwarzwald Mitte/Nord Blatt 2 (Landesvermessungsamt Baden-Württemberg).
▶Markierung: Schwarz-rote Raute, blau-gelbe Raute und namentliche Ausschilderungen.
▶Verkehrsanbindung: A 8 Karlsruhe–Stuttgart Ausfahrt Pforzheim West, dann via Pforzheim auf der B 463 weiter nach Bad Liebenzell. Nagoldtalbahn (DB-Regio) Pforzheim – Bad Liebenzell – Calw.
▶Einkehr: Monakam, Bad Liebenzell.
▶Tourist-Info: Kurverwaltung Tourist-Info Bad Liebenzell, Kurhausdamm 4, 75378 Bad Liebenzell, Internet www.bad-liebenzell.de

mittel
km 8 km
2 Std.
300 m

Auf einer Länge von 4,2 km durchbraust der Monbach ein vor Tausenden von Jahren im Buntsandstein ausgewaschenes Nagold-Seitental, das heute wegen seiner Schönheit und Ursprünglichkeit als Naturschutzgebiet unter Schutz steht. Der Bach bildet mehrere Kaskaden und kleinere Wasserfälle und über weite Strecken ist das Tal von artenreichem Laubwald überdacht.

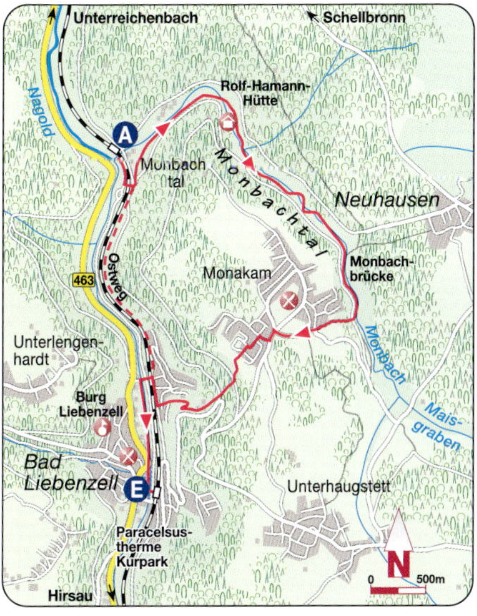

Der Wegverlauf

Vom Bahnhof **Monbach-Neuhausen** geht es längs der Bahnlinie kurz talaufwärts, bis der Ostweg (Markierung »schwarz-rote Raute«) links hinauf in Richtung der Anlagen des **Freizeit- und Bibelheims** der evangelischen **Liebenzeller Mission** führt und in das **Monbachtal** eintaucht. Die Ostweg-Raute gibt die oft aben-

Tipp

Burg Liebenzell
Die Ruine der Burg Liebenzell (467 m) thront auf einem Felsen hoch über dem Nagoldtal und ist mit ihrer mächtigen, 3 m dicken Schildmauer und dem quadratischen Bergfried, der als Aussichtsturm dient, ein Wahrzeichen der Stadt. Bei klarer Sicht sollte man sich den Blick vom 35 m hohen Turm nicht entgehen lassen. Errichtet wurde die Burg um 1200. Im 14. Jh. soll ein tyrannischer Burgherr vom Turm gestürzt worden sein.

teuerliche Route auf dem Grund dieses schluchtartigen Tals vor, in dem der Bach mehrmals auf Steinen zu durchqueren ist. Während der Jugendzeltplatz Jugendlichen vorbehalten ist, ist die wenig später erreichte **Rolf-Hammann-Hütte** ein Rastplatz mit Grillstelle für alle.

Im weiteren Verlauf erwarten uns längs des Bachlaufs kleine Wasserfälle und Seen, dann ist die **Monbachbrücke** erreicht. Hier verlässt der Ostweg das Tal links hinauf, während wir rechts oberhalb der Brücke der Ostweg-Zugangs-Markierung »blau-gelbe Raute« geradeaus über dem Bachtal folgen.

Beim **Pumpwerk** verzweigen sich die Routen: Wir folgen der Raute rechts hinauf (Am Frauenwald) in den Luftkurort **Monakam**, wo wir auf die Bad Liebenzeller Straße (Durchgangsstraße) treffen. Halb rechts liegen das neue Dorfzentrum und dahinter das alte Kirchdorf, während wir kurz links in Richtung des neuen Dorfs gehen, die erste rechts (Am Hährenwald) und die nächste links (Monakamer Kirchweg): Der Monakamer Kirchweg geht am Rand des Wohngebiets **Ferienpark** in einen schmalen Weg/Pfad über, der im Wald hinab recht steil abwärts führt zum **Waldfriedhof** und weiter steil hinab ins Nagoldtal. Unten kurz rechts (Schillerallee), bis bei der Eisenbahnüberführung und Markgrafenbrücke der Ostweg wieder erreicht ist.

Hier muss man sich entscheiden: Geht man geradeaus auf dem Ostweg, gelangt man nach ca. 2 km wieder zum Ausgangspunkt zurück; überquert man, ebenfalls dem Ostweg folgend, die Markgrafenbrücke und wendet sich dahinter auf dem Badweg links, gelangt man nach **Bad Liebenzell** und über die Stegbrücke zum Bahnhof.

Froschlaichteich im Eyachtal

Sommerberg, Eyachtal, Wildbader Kopf

3

Aussichtsreich über den Eiberg: Sommerberg – Wendenstein – Eyachmühle – Wildbader Kopf – Bad Wildbad

▶**Tourencharakter:** Überwiegend bequeme Wald- und Aussichtswanderung.
▶**Beste Jahreszeit:** Frühjahr bis Herbst.
▶**Ausgangspunkt:** Bergstation der Sommerbergbahn in Bad Wildbad.
▶**Endpunkt:** S-Bahn-Haltestelle an der Talstation der Sommerbergbahn in Bad Wildbad.
▶**Wanderkarte:** Wanderkarte 1:35 000 Oberes Enztal oder Wanderkarte 1:30 000 Enz/Nagold/Teinach oder Freizeitkarte 1:50 000 Blatt 502 Pforzheim/Naturpark Schwarzwald Mitte/Nord Blatt 2 (Landesvermessungsamt Baden-Württemberg).
▶**Markierung:** Blaue Raute, gelbe Raute und namentliche Ausschilderungen.
▶**Verkehrsanbindung:** Anfahrt auf der A 8 Karlsruhe–Pforzheim Ausfahrt Pforzheim West und auf der B 10 nach Pforzheim, dort der Beschilderung Richtung Bad Wildbad folgen (B 294). S-Bahn S 6 Pforzheim – Höfen – Bad Wildbad im Stunden- bzw. Halbstundentakt.
▶**Einkehr:** Eyachmühle.
▶**Tourist-Info:** Reise- und Verkehrsbüro Bad Wildbad, König-Karl-Str. 7, 75314 Bad Wildbad, Internet www.bad-wildbad-tourismus.de

leicht
13 km
4 Std.
150 m

Von der Bergstation der Sommerbergbahn in Bad Wildbad geht es mit schönen Ausblicken zur Grillhütte am Wendenstein und durch das naturschöne Eyachtal zur Eyachtalmühle, wo man sich

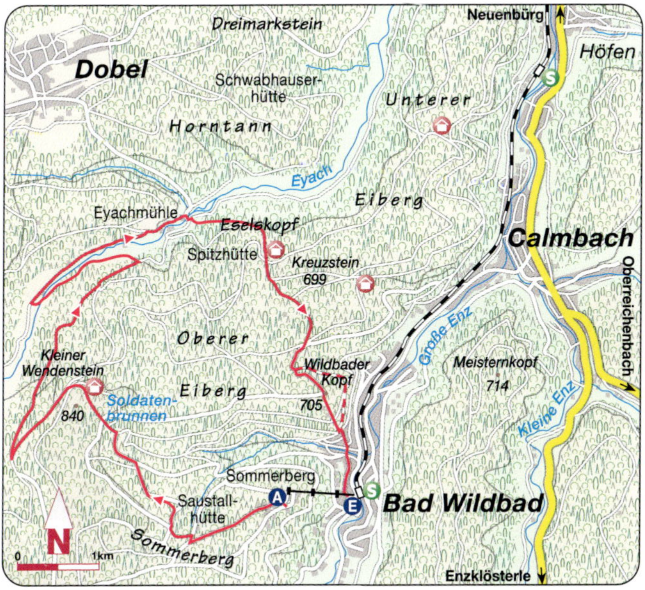

Die Sommerbergbahn über Bad Wildbad

stärken kann, ehe der Wanderweg über den Eiberg zur Wetterfahnenhütte am Wildbader Kopf führt. Nach fantastischem Ausblick geht es auf dem abenteuerlichen »Zickzackpfad« nach Bad Wildbad zurück.

Der Wegverlauf

Von der Bergstation der **Sommerbergbahn** führt der Peter-Liebig-Weg leicht ansteigend in den Wald hinauf, bis an der **Saustallhütte** der mit dem Zeichen »gelbe Raute« markierte Bächlesweg zum **Kleinen Wendenstein** abzweigt. Dort kann man sich am **Soldatenbrunnen** erfrischen, als Grillhütte dient die Soldatenbrunnenhütte. Der Wendenstein ist ein Knotenpunkt von Wanderwegen: Die Markierung »blaue Raute« führt hinauf zu einer weiteren Schutzhütte, der **Schirmhütte**, und senkt sich dann mit einigen tollen Aussichtsstellen hinab in das als Naturschutzgebiet ausgewiesene **Eyachtal**, das sie am schönen Wiesenrastplatz am ehemaligen **Lehmannshof** erreicht.

Bequem geht es im Talgrund zwischen Wäldern und Wiesen hinab zum Ausflugsgasthof **Eyachmühle**, wo die aus dem Enztal heraufführende Straße endet. Hier taucht wieder die Markierung

»blaue Raute« auf: Auf dem Dobler Fußweg führt sie aufwärts im Hang zur **Spitzhütte** am **Eselskopf** hinauf, immer wieder fällt der Blick über das Eyachtal hinweg zum Dobel. An der Spitzhütte wird das Gelände wieder flach und die blaue Raute folgt Forstwegen hinüber auf die Enztalseite des **Eibergs**. Hier muss man sich an der Verzweigung **Hohe Dohle** entscheiden: Während die blaue Raute einem bequemen und vielleicht etwas langweiligen Forstweg abwärts folgt, können muntere Beine zum ausgeschilderten **Wildbader Kopf** wandern und an der **Wetterfahnenhütte** den herrlichen Blick auf Bad Wildbad, den Sommerberg und die Schwarzwaldhöhen genießen. Danach geht es auf einem sehr steilen Serpentinenpfad, dem **Zickzackpfad**, abwärts im Hang, bis man wieder auf den mit der blauen Raute markierten Weg nach **Bad Wildbad** trifft.

Tipp

Sommerberg – Bergbahn und Bikepark

Der aussichtsreiche Sommerberg (731 m) 300 m über dem Enztal ist Hausberg von Bad Wildbad und dank der 1908 eröffneten Bergbahn wichtiger Ausgangspunkt für Wanderungen. Die Sommerbergbahn bewältigt auf ihrer 750 m langen Fahrt eine Steigung von bis zu 53 %. Die Verlängerung der Enztal-S-Bahn zum Bad Wildbader Kurpark hat der Standseilbahn durch die neue Haltestelle »Uhlandstraße/Sommerbergbahn« vor allem an Wochenenden und an Tagen mit schönem Wetter erhebliche Fahrgastzuwächse beschert.
Auch Mountainbiker profitieren von der neuen Verbindung von S-Bahn und Sommerbergbahn. Seit 2000 besteht am Sommerberg der »Bikepark Bad Wildbad«.

Mountainbikespaß im »Bikepark Bad Wildbad«

4 Quellenerlebnispfad im Albtal

Zur Plotzsägmühl bei Bad Herrenalb: Bad Herrenalb – Plotzsägmühl – Bad Herrenalb

leicht

11 km

2½ Std.

200 m

▶**Tourencharakter:** Bequeme Waldwanderung.
▶**Beste Jahreszeit:** Frühjahr bis Herbst.
▶**Ausgangs-/Endpunkt:** Bahnhof Bad Herrenalb.
▶**Wanderkarte:** Wanderkarte 1:35 000 Oberes Enztal oder Freizeitkarte 1:50 000 Blatt 502 Pforzheim/Naturpark Schwarzwald Mitte/Nord Blatt 2 (Landesvermessungsamt Baden-Württemberg).
▶**Markierung:** Blaue Raute (Albtalweg), Libelle (Quellenerlebnispfad) und namentliche Ausschilderungen.
▶**Verkehrsanbindung:** A 5 Basel–Frankfurt Ausfahrt Ettlingen und via Ettlingen nach Bad Herrenalb. S-Bahn S 1 Karlsruhe–Bad Herrenalb.
▶**Einkehr:** Bad Herrenalb, Plotzsägmühl.
▶**Tourist-Info:** Tourismusbüro Bad Herrenalb, Bahnhofsplatz 1, 76332 Bad Herrenalb, Internet www.badherrenalb.de

Der Quellenerlebnispfad von der Siebentäler-Stadt Bad Herrenalb durchs obere Albtal zur mehr als 700 Jahre alten Plotzsägmühl zählt zu den romantischsten Talwanderwegen im Nordschwarzwald.

Der Wegverlauf

Auf dem Gebiet des heilklimatischen Kurorts Bad Herrenalb entspringen mehr als 60 Quellen. Der Quellenerlebnispfad macht mit den Geheimnissen der Quellen im Albtal vertraut und zeigt an 16 Stationen Sturzquellen, Quellsümpfe, gefasste Quellen usw. – alles begleitet von der Alb, einem Wildbach, der mal überschäumend, mal ruhig und gemächlich durchs Tal fließt. Ausgebildete Gewässerführer bieten Führungen an auf dem Quellenerlebnispfad und berichten von Mythen und Sagen, von Flora und Fauna. Der Quellenerlebnispfad beginnt am Albtalweg oberhalb des Friedhofs, dort kann man parken bzw. mit dem Bus hinfahren (Haltestelle: Friedenshöhe).

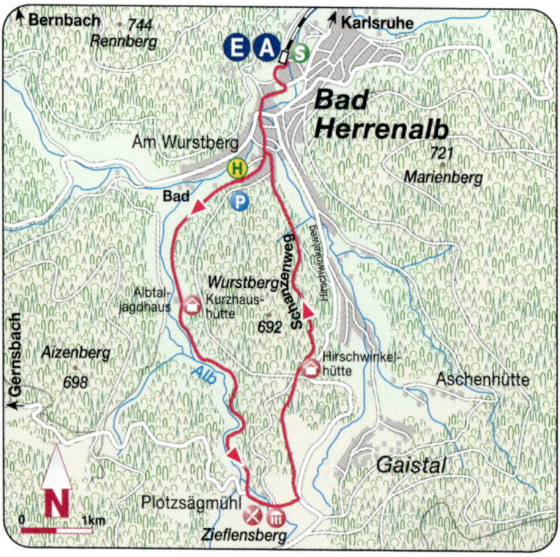

4

Unsere Wanderung beginnt schon am Bahnhof, denn auch den hübschen Kurort kennen zu lernen, lohnt sich.
Am Bahnhofsplatz vor dem **Bahnhof** befindet sich das Tourismusbüro, es ist empfehlenswert, dort die kostenlose Informationsbroschüre »Quellenerlebnispfad« mitzunehmen. Vom Bahnhofsplatz führt die Bahnhofstraße zum nahen **Kurpark**, wo es in den gepflegten Anlagen rechts hinauf am Kurhaus vorbeigeht. Am Rathausplatz hinter dem Kurhaus befinden sich Wanderwegweiser, die »blaue Raute« (Albtalweg) weist den Weg, ein weiteres Markierungszeichen ist die »Libelle Quelli« (Quellenerlebnisweg), die in die Zauberwelt der Albtalquellen lotst.
Am Friedhof vorbei geht es hinauf zur Bushaltestelle am **Wurstberg**, dann mit schönen Ausblicken auf den Kurort und das Wiesental am Waldrand entlang auf dem Albtalweg. Je näher der Talgrund rückt, desto bestimmender wird das Rauschen der Alb. An einer Sitzbank über dem romantischen Wiesental verzweigt sich der Weg: Die blaue Raute führt durch den Talgrund hinüber, während der Quellenerlebnispfad geradeaus weiterführt und kurz hinter der **Kurzhaushütte**, einer Schutzhütte, den Bach erreicht. Im weiteren Verlauf regt der **Wasserfall-Felsen** dazu an, über die Sagen des Albtals nachzudenken.

Tipp

Wald-Erlebnispfad Hardtberg

Der Wald-Erlebnispfad Hardtberg im Bad Herrenalber Ortsteil Bernbach ist ein weiterer Kinder-Naturerlebnispfad. Ziel des 2,3 km langen Rundkurses ist es, kleine Kinder den Wald mit allen Sinnen erleben und kennen lernen zu lassen: Mit Klanggarten, Baumtelefon und Früchte-Schaukasten kommt garantiert keine Langeweile auf, und aktive Kids können beim Weitsprung vergleichen, wie weit heimische Waldbewohner springen können. Am »Platz der Stille« kann man die natürliche Stille des Waldes erlauschen.

Am Ende des Quellenerlebniswegs lädt das urige Schwarzwaldgasthaus **Plotzsägmühl** zur Einkehr: Hier gibt es warme und kalte Mahlzeiten und Getränke zu einem fairen Preis. Familie Kübler, die den Gaststättenbetrieb inzwischen in der zehnten Generation betreibt, hat auch ein kleines Technikmuseum mit Geräten aus dem 17. Jh. eingerichtet, und das Holzsägewerk mit oberschlächtigem Wasserrad wird nicht nur von Kindern bestaunt.
Am schönsten ist es, von der Plotzsägmühl demselben Weg längs der Alb zurück nach Bad Herrenalb zu folgen, aber es gibt auch eine attraktive Alternative: Man geht den Steudingerweg links hinauf zu den Häusern von **Zieflensberg** und folgt der gelben Raute links auf dem gemütlichen Talwiesenweg zur **Hirschwinkelhütte** (Grillhütte, Bushaltestelle). Von hier leitet die gelbe Raute auf dem Schanzenweg im Hang des **Wurstbergs** bequem nach **Bad Herrenalb**.

5 Vom Kaltenbronn ins Wildseemoor

Durch Deutschlands größtes Hochmoor: Kaltenbronn – Wildseemoor – Grünhütte – Kaltenbronn

leicht

13 km

3½ Std.

150 m

▶ **Tourencharakter:** Leichte Waldwanderung, die im Bereich des Wildseemoors »auf eigene Gefahr« zu begehenden Bohlenwegen folgt.
▶ **Beste Jahreszeit:** Frühjahr bis Herbst.
▶ **Ausgangs-/Endpunkt:** Bushaltestelle und Parkplatz am Skizentrum Gernsbach-Kaltenbronn.
▶ **Wanderkarte:** Wanderkarte 1:35 000 Oberes Enztal oder Freizeitkarte 1:50 000 Blatt 501 Baden-Baden/Murgtal/Albtal/Naturpark Schwarzwald Mitte/Nord Blatt 1 (Landesvermessungsamt Baden-Württemberg).
▶ **Markierung:** Namentliche Ausschilderungen und rote Raute.
▶ **Verkehrsanbindung:** A 5 Karlsruhe–Basel Ausfahrt Rastatt und auf der B 462 via Gaggenau nach Gernsbach und weiter Richtung Forbach, dann abzweigen Richtung Kaltenbronn/Bad Wildbad. Bus ab Bahnhof Gernsbach und ab Bad Wildbad.
▶ **Einkehr:** Kaltenbronn, Grünhütte.
▶ **Tourist-Info:** Verkehrsamt Gernsbach, Igelbachstr. 11, 76584 Gernsbach, Internet www.gernsbach.de; Reise- und Verkehrsbüro Bad Wildbad, König-Karl-Str. 7, 75314 Bad Wildbad, Internet www.bad-wildbad-tourismus.de

Beim Wildgehege am Kaltenbronn startet diese Wanderung in das Wildseemoor, das unter Naturschutz stehende größte Hochmoor Deutschlands. Bei klarer Sicht lohnt abschließend die kurze Wanderung zum Kaiser-Wilhelm-Turm auf dem Hohloh, wo sich eine einmalige Aussicht ins Murg- und ins Rheintal bietet.

Der Wegverlauf

Der **Kaltenbronn** zwischen Wildseemoor und Hohloh ist eines der bekanntesten Skizentren im Nordschwarzwald. Der zur Stadt Gernsbach gehörende Weiler liegt auf dem Höhenrücken zwischen den Tälern von Murg und Großer Enz. Im historischen Rasthaus an der Passstraße vom Enz- ins Murgtal wird ein Naturpark-Informationszentrum aufgebaut mit einer Ausstellung über das Wildseehochmoor, den Bannwald und die Jagd. Die schwarzwaldtypischen Häuser, Hofstellen und Höfe liegen im Quellgebiet des Kegelbachs in der Nachbarschaft zweier der bedeutendsten Moorgebiete des gesamten Gebirges: Im Osten erstreckt sich das Wildseemoor, im Westen liegen die Moore rund um den Hohlohsee, dahinter steigt das Gelände zum Kaiser-Wilhelm-Turm an. Mit der Tierwelt in den Wäldern rund um den

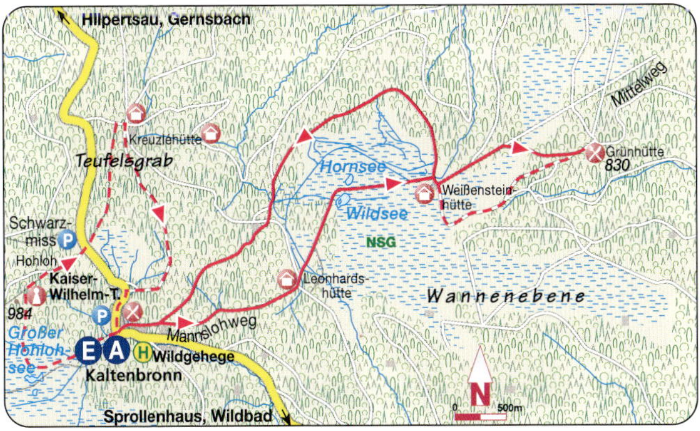

Wollgrasblüte im Wildsee-moor

5

Kaltenbronn macht ein **Rotwildgehege** bekannt. Das Kreisforstamt Rastatt veranstaltet auch Wald- und Moorführungen für Kinder.
Von den Parkplätzen leiten die Markierung »gelbe Raute« und Schilder mit Richtungsangabe »Wildsee« am Wildgehege vorbei und folgen dem Mannslohweg durch den Wald hinauf zur **Leonhardshütte**, einer Schutzhütte, hinter der ein Holzbohlensteg in das Naturschutzgebiet **Wildseemoor** hineinführt. Zu den schönsten Stellen zählt der Platz mit den Sitzbänken, die Blick auf den **Wildsee** bieten.
Am Ende des Wildseemoor-Naturschutzgebiets führt der mit dem Zeichen »rote Raute« markierte Mittelweg des Schwarzwaldvereins an der **Weißensteinhütte**, einer Schutzhütte, vorbei zur gemütlichen Waldgaststätte **Grünhütte** (830 m) mit Sonnenterrasse. Wo vor über 250 Jahren der Wald als Sommerweide gerodet und das »Stierhäusle« als Stützpunkt für Waldarbeiter und Hirten errichtet wurde, befinden sich heute Wiesen und Grillstellen unter schattigen Bäumen. In der Grünhütte kehren auch viele Mountainbiker ein. Wer mit dem Bus von Bad Wildbad zum Kaltenbronn heraufgefahren ist, kann dem Mittelweg weiter bergabwärts bis Bad Wildbad folgen.
Von der Grünhütte geht es auf dem Mittelweg zurück zur **Weißensteinhütte**, wo man sich entscheiden muss: Entweder folgt man wieder dem bekannten Bohlenweg durch das Wildseemoor, oder man umgeht das Moor auf dem Mittelweg. Letzterer folgt einem Forstweg im Wald zurück zum **Kaltenbronn** und bietet an einer Stelle einen wunderbaren Blick über das Eyachtal hinweg zum Dobel.

Tipp

Abstecher auf den Hohloh

Bei guter Sicht empfiehlt sich zum Abschluss ein Abstecher zum Kaiser-Wilhelm-Aussichtsturm auf dem Hohloh. Vom Kaltenbronn führt der Mittelweg in einem romantischen Bachtal im Wald aufwärts, dann beginnt erneut ein Bohlensteg, und fast unvermittelt öffnet sich der Blick auf den Großen Hohlohsee. Wenige Minuten später erreicht der Mittelweg die Schutzhütte am Hohlohturm, einem 1897 errichteten Aussichtsturm. Er bietet eine prachtvolle Aussicht auf das Murg- und das Rheintal und bis hin zu den Vogesen, ostwärts auf die Höhen an den Enztälern und über die oberen Gäue hinweg bis zur Schwäbischen Alb sowie bei winterlicher Inversion bis zu den Alpen.
Vom Turm führt die rote Westweg-Raute rechts hinab zum Parkplatz Schwarzmiss und durch den Wald zur Kreuzlehütte am Teufelsgrab. Dort zweigt die gelbe Raute rechts auf den Kreuzleweg ab und führt zurück zum Kaltenbronn.

Battert und Merkur

6

Burgruinen, Aussichtsfelsen: Baden-Baden – Altes Schloss – Battert – Alteberstein – Wolfsschlucht – Baden-Baden

mittel

16 km

4 Std.

600 m

▶**Tourencharakter:** Wald- und Panoramawanderung auf zum Teil steilen, felsigen Pfaden.
▶**Beste Jahreszeit:** Frühjahr bis Herbst; nicht bei Schneelage.
▶**Ausgangs-/Endpunkt:** Parkplatz am Alten Schloss Hohenbaden.
▶**Wanderkarte:** Atlasco-Wanderkarte 1:30 000 Blatt 229 Baden-Baden und Umgebung oder Freizeitkarte 1:50 000 Blatt 501 Baden-Baden/Murgtal/Albtal/Naturpark Schwarzwald Mitte/Nord Blatt 1 (Landesvermessungsamt Baden-Württemberg).
▶**Markierung:** Grüner Ring, blauer Ring, gelbe Raute und namentliche Ausschilderungen.
▶**Verkehrsanbindung:** A 5 Basel–Karlsruhe Ausfahrt Baden-Baden. S 4 Karlsruhe – Rastatt – Baden-Baden.
▶**Einkehr:** Altes Schloss, Ebersteinburg, Wolfsschlucht, Merkur.
▶**Tourist-Info:** Tourist-Information Baden-Baden, Schwarzwaldstr. 52, 76530 Baden-Baden, Internet www.baden-baden.de

Diese Wald- und Panoramawanderung erschließt die überaus abwechslungsreiche Fels- und Berglandschaft oberhalb von Baden-Baden im Quellgebiet der Oos. Mit Kindern ist es am besten, vom Parkplatz am Alten Schloss zu starten.

Der Wegverlauf

Auf dem Westpfeiler des Battert-Felsmassivs oberhalb von Baden-Baden erheben sich die malerischen Ruinen des in rotem Buntsandstein erbauten **Alten Schlosses**, der einstigen Hauptburg der

6

Markgrafen von Baden. Der Bergfried bietet eine exzellente Aussicht auf Baden-Baden, die Baden-Badener Berge und über die Oberrheinebene hinweg zu den Vogesen.

Am Alten Schloss beginnt der Aufstieg auf schmalen Pfaden und Felssteigen durch die Felsen des Battert: Schon an der **Ritterplatte** bietet sich eine faszinierende Aussicht, sie wird noch übertroffen durch den großartigen Ausblick von der **Felsenbrücke** bei der **Oberen Batterthütte**. Von Letzterer führt die Markierung »blauer Ring« an der **Bergwachthütte** und an den Kletterfelsen vorbei mit immer wieder bestechender Aussicht zur **Unteren Batterthütte**. Hier geht es mit dem Zeichen »blauer Ring« links weiter (Bienewaldweg) und unten rechts (Franzosenweg, dann Hilsbrunnenstraße) hinab nach **Ebersteinburg**: An der Durchgangsstraße (Ebersteinburger Straße) kurz links, dann halb rechts (Brunnenlinde) und hinauf zur **Burgruine Alteberstein**. Auch hier kann der aussichtsreiche Bergfried erstiegen werden.

Von den Felsen des Battert fällt der Blick hinüber zum Merkur.

Von der Burg leitet der »blaue Ring« am Sport- und Festplatz vorbei durch die Zimmerhardtstraße und zweigt nach Passieren des Friedhofs vor den ersten Häusern links zur Aussichtskanzel **Verbrannter Felsen** an der **Lukashütte** ab: Hier öffnet sich eines der schönsten Murgtalpanoramen überhaupt.

Vom Verbrannten Felsen führt die Markierung weiter durch die **Wolfsschlucht** und trifft am Hotel »Wolfsschlucht« auf die Straße (Bushaltestelle): Hier kurz rechts und nach Queren der Straße links weiter auf der Teufelskanzelstraße, einem Forstweg, der mit

6

schönen Fremersberg- und Battert-Blicken im bewaldeten Hang an der Verzweigung **Langengehren** vorbei zur Talstation der **Merkur-Bahn** führt (Merkurwald): Mit ihr geht es hinauf auf Baden-Badens »Götterberg« (siehe Kasten).

Von der Berggaststätte führt ein mit der gelben Raute markierter Weg teils im Wald, teils mit herrlicher Aussicht steil hinab zur Wegespinne **Binsenwasen** mit der Fee-Schlapper-Hütte und dort rechts weiter im Hang zur Aussichtsplattform etwa auf halber Höhe der Bergbahnstrecke. Gleich darauf geht es links abwärts Richtung Wildgehege. Das Freigehege Grünmatte mit Gehegen für Mufflel-, Rot-, Dam- und Schwarzwild kann auf einem Rundweg von 3,8 km umwandert werden. Von einer Aussichtshütte über dem Rothirschgehege lassen sich die Tiere gut beobachten. Vom Wildgehege führt der Hangweg zur nahen Talstation der Merkur-Bahn zurück und geradeaus weiter, bis am Langengehren der »Panoramawanderweg« links abzweigt.

Tipp

Der Merkur – Baden-Badens »Götter-« und Kinderberg

Mit der Merkur-Bahn (siehe Seite 11) geht es auf den Baden-Badener Hausberg Merkur, ein kleines Familienfreizeitparadies mit Aussichtsturm, Panoramagaststätte, Kinderspielplatz und Liegewiesen. Bis ins 17. Jh. hieß der steil aufragende Kegel »Staufenberg« bzw. »Stauffen«. Nach dem Fund eines gallorömischen Weihesteins wurde er nach dem römischen Gott des Handels und Gewerbes umbenannt; eine Nachbildung dieses Steins steht beim Aussichtsturm auf dem Gipfel.

Er führt hinab durch Streuobstwiesen mit wunderschönem Blick auf die Altstadt und die Berge, rechts hinauf zur Schlossruine und zurück zum Merkurgipfel. Unterhalb einer Kleingartenanlage trifft der Panoramaweg beim Hotel »Kappelmann« auf die Straße und folgt ihr im Rotenbachtal abwärts, an der Rotenbachstraße kurz links, am Zebrastreifen rechts in die Rotenbachgrünanlage und gleich rechts hinauf zu den Aussichtsbänken am »Platz der Badischen Revolution«.

Nach Unterqueren der Zähringer Straße geht es kurz aufwärts zur Verzweigung Steinwald (220 m) und hier links durch das ehemalige **Landesgartenschaugelände**, dann rechts und an der Hungerberghütte vorbei aussichtsreich zur **Strohhütte**. Oberhalb des Hüttenpavillons weiter rechts hinauf im Wald und die erste Abzweigung links zur **Sophienruhe**, einem Felsen mit exzellenter Aussicht auf das Kurhaus und das Neue Schloss. Von der Sophienruhe zurück zur letzten Verzweigung und geradeaus zum ausgeschilderten **Alten Schloss**, dem Ausgangspunkt.

7 Auf die Badener Höhe

Zweiseenblick und Friedrichsturm-Panorama: Schwarzenbach-Talsperre – Herrenwieser See – Kurhaus Sand – Herrenwies – Schwarzenbach-Talsperre

mittel

21 km

5½ Std.

400 m

▸**Tourencharakter:** Bequeme Waldwanderung mit Ausnahme des steilen, felsigen, Trittsicherheit erfordernden Aufstiegs vom Herrenwieser See auf die Badener Höhe.
▸**Beste Jahreszeit:** Frühjahr bis Herbst; nicht bei Schneelage.
▸**Ausgangs-/Endpunkt:** Bushaltestelle und Parkplätze an der Schwarzenbachtalsperre.
▸**Wanderkarte:** Freizeitkarte 1:50 000 Blatt 501 Baden-Baden/Murgtal/Albtal/Naturpark Schwarzwald Mitte/Nord Blatt 1 (Landesvermessungsamt Baden-Württemberg).
▸**Markierung:** Blaue Raute, rote Raute (Westweg) und namentliche Ausschilderungen.
▸**Verkehrsanbindung:** Auf der A 5 Basel–Karlsruhe Ausfahrt Rastatt, dann auf der B 462 durch das Murgtal nach Forbach und in Forbach-Raumünzach abzweigen zur Schwarzenbach-Talsperre an der Straße Richtung Schwarzwaldhochstraße. S-Bahn Rastatt – Gaggenau – Gernsbach – Freudenstadt bis Forbach-Raumünzach, dort Bus zur Schwarzenbach-Talsperre.
▸**Einkehr:** Schwarzenbach-Talsperre, Sand, Herrenwies.
▸**Tourist-Info:** Tourist-Info Forbach, Landstr. 27, 76596 Forbach, Internet www.forbach.de; Tourist-Information Baden-Baden, Schwarzwaldstr. 52, 76530 Baden-Baden, Internet www.baden-baden.de

Vom größten See im Nordschwarzwald führen abwechslungsreiche Waldwege hinauf zum Herrenwieser See, einem idyllischen Karsee, an dem der Felssteig zum Aussichtsturm auf der Badener Höhe beginnt. Nach dem Abstieg zur Sandkapelle an der Schwarzwaldhochstraße geht es mit dem Bus oder zu Fuß zurück durch das naturschöne Schwarzenbachtal.

Der Wegverlauf

Beim Hotel **Schwarzenbach** geht es mit schönem Blick auf die Badener Höhe über die **Schwarzenbach-Talsperre** und dahinter links auf den bequemen Seeuferweg, wobei die Markierung »gelbe Raute«

Tipp

Walderlebnispfad Herrenwies

An der gotischen Kirche von Herrenwies im Schwarzenbachtal beginnt ein rund 2,5 km langer Walderlebnispfad für Kinder. An acht Stationen vermittelt dieser naturnahe »Pirschpfad« Interessantes, Kurioses, Informatives und Lustiges zum Thema Wald. Leitfigur des Erlebnispfads ist ein »Glasmännchen«, das an den Stationen von den Geheimnissen des Waldes erzählt und zwischendurch als Wegmarkierung fungiert.

Das Kirchdorf Herrenwies (750 m) auf einer Rodung in den Hängen des Schwarzenbachtals zählt zu den schönstgelegenen Feriendörfern im Nordschwarzwald und ist dank seiner Höhenlage für Familien mit Kindern ein beliebter Ausgangspunkt für Wanderungen zum Herrenwieser See und zur Badener Höhe.

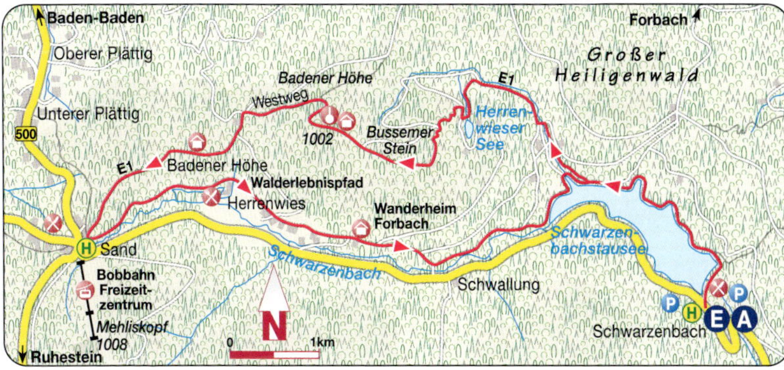

die Route weist. An der Verzweigung »Stauseeufer« kurz vor der Bucht, in welcher der **Seebach** in den Stausee mündet, geht es mit der roten Raute des Westwegs aufwärts, bald neben dem rauschenden Seebach, der im **Herrenwieser See** entspringt.

Als einer der schönsten Karseen im Nordschwarzwald steht der Herrenwieser See als Naturdenkmal unter Schutz. Der bis zu 9,5 m tiefe See, auf dem an Mittsommer Seerosen ihre Blüten entfalten, liegt auf einer Höhe von 834 m und hat eine Fläche von 1,8 ha. Die Karwand, die ihn überragt, ist mit 170 m die höchste im Nordschwarzwald. An seinem Ostufer laden an der Abzweigung des Promenadenwegs Richtung Schwarzenbachtal eine Schutzhütte und Bänke zur Rast, während der Westweg auf einem steilen, felsigen Steig hinauf zum **Zweiseenblick** führt, einem Aussichtsfelsen mit atemberaubendem Tiefblick auf den Herrenwieser See und den Schwarzenbach-Stausee.

Der steile Steig endet oben am **Bussemer Stein**, von dem der Westweg bequem zum **Friedrichsturm**, dem Aussichtsturm auf der **Badener Höhe** (1002 m), weiterführt. Er bietet ein Panorama bis hin zu den Vogesen.

Von der Badener Höhe führt der Westweg abwärts im Wald zum **Herrenwieser Sattel**, passiert wenig später das Naturfreundehaus »Badener Höhe« und erreicht schließlich die Bushaltestelle **Sand** bei der Sandkapelle an der Kreuzung der Schwarzwaldhochstraße mit der Straße von Bühl zur Schwarzenbach-Talsperre und ins Murgtal. Am ehemaligen Kurhaus verlassen wir den Westweg und biegen links auf den mit der gelben Raute markierten

In den Wiesen am Schwarzenbach-Stausee

Wanderweg durch das Schwarzenbachtal Richtung Herrenwies ab: Anfangs im Wald, dann mit prachtvoller Aussicht führt er durch den Hang des Schwarzenbachtals nach **Herrenwies**, wo am Waldsaum das Café-Restaurant »Waldesruh« zur Einkehr lädt.

Hinter Herrenwies taucht der mit der gelben Raute markierte Weg wieder in den Wald ein und führt hinab zur **Großen Schwallung**, ein technisch und kulturhistorisch sehenswertes Bauwerk aus der Flößerzeit. Die Mitte des 19. Jh. gebaute, fast 70 m lange und mehr als 20 m breite Staumauer war eine wichtige Einrichtung zum Flößen von Holz auf dem Schwarzenbach. Ein weiteres Relikt aus der Flößerzeit ist der bereits im 18. Jh. angelegte Sandsee oberhalb von Herrenwies. Von der Schwallung ist es nicht mehr weit zum Stausee und zurück zur **Schwarzenbach-Talsperre**.

Mehliskopf und Hornisgrinde

8

Aussichtsturm und höchster Nordschwarzwaldberg: Sand – Hundseck – Hochkopf – Unterstmatt – Ochsenstall – Hornisgrinde – Mummelsee

▶**Tourencharakter:** Wald- und Panoramawanderung auf bequemen Wegen und schmalen Pfaden; festes Schuhwerk empfehlenswert.
▶**Beste Jahreszeit:** Frühjahr bis Herbst; nicht bei Schneelage.
▶**Ausgangspunkt:** Bushaltestelle und Parkplätze an der Sandkapelle in Bühl-Sand an der Schwarzwaldhochstraße bei der Kreuzung mit der Passstraße von Bühlertal nach Forbach/Murgtal.
▶**Endpunkt:** Bushaltestelle am Mummelsee. Die Rückfahrt vom Mummelsee zum Kurhaus Sand dauert etwa 20 Min., die Busse fahren alle 30 Min. bzw. im Stundentakt.
▶**Wanderkarte:** Wanderkarte 1:30 000 Hornisgrinde oder Freizeitkarte 1:50 000 Blatt 501 Baden-Baden/Murgtal/Albtal/Naturpark Schwarzwald Mitte/Nord Blatt 1 (Landesvermessungsamt Baden-Württemberg).
▶**Markierung:** Rote Raute (Westweg) und namentliche Ausschilderungen.
▶**Verkehrsanbindung:** Die Sandkapelle an der Schwarzwaldhochstraße B 500 ist mit dem Bus von Baden-Baden, von Bühl bzw. Bühlertal und von Forbach-Raumünzach (S-Bahnhof der Murgtalbahn) erreichbar.
▶**Einkehr:** Höhengaststätte Hundseck in Bühl-Hundseck, Höhenhotel Unterstmatt in Bühl-Unterstmatt, Wanderheim Ochsenstall, Berghotel Mummelsee.
▶**Tourist-Info:** Tourist-Information Bühl, Hauptstr. 92, 77815 Bühl/Baden, Internet www.buehl.de; Verkehrsverein Bühlertal, Hauptstr. 92, 77830 Bühlertal, Internet www.buehlertal.de; Tourist-Information Seebach, Ruhesteinstr. 21, 77889 Seebach, Internet www.seebach.de

mittel
13 km
3½ Std.
600 m

Der Aussichtsturm auf dem Mehliskopf, der interaktive Naturlehrpfad auf der Hornisgrinde und der sagenumwobene Mummelsee sind die Höhepunkte dieser abwechslungsreichen Wanderung über den höchsten Nordschwarzwaldberg. Da die Route mehrfach die Schwarzwaldhochstraße an Bushaltestellen tangiert, lässt sie sich beliebig verkürzen.

Tipp

Freizeitberg Mehliskopf

Der Mehliskopf (1008 m) mit Ganzjahresbobbahn, Aussichtsturm, Bungee-Anlage, Gastronomie und Skibetrieb sowie Wander-, Mountainbike- und Skiwanderwegen zählt sommers wie winters zu den meistbesuchten Freizeitbergen im Nordschwarzwald. Während das Freizeit- und Sportzentrum vom Abzweig Sand an der B500 rasch erreichbar ist, führen zum Aussichtsturm nur Wanderwege.
Für viele ist die kurvenreiche Bobbahn die Hauptattraktion im Sommer: Auf der 1000 m langen Strecke werden vier Waldsteilkurven, sieben Wiesensteilkurven und acht Wasserübergänge passiert. Wegen der Ständerbauweise berühren die entgleisungssicheren Bobs und die Piloten nie den Boden; Fahrer und Beifahrer sind sicher angeschnallt. Neben dem Pavillon befindet sich der 4-in-1-Bungee-Trampolin: Kinder ab drei Jahren und Erwachsene werden durch einen Hüftgurt mit den beiden Bungeeseilen verbunden und trotzen durch Springen auf den Trampolinen der Schwerkraft.

Der Wegverlauf

Gegenüber der **Sandkapelle**, beginnend direkt an der Kreuzung, führt der Westweg (Markierung: rote Raute) kurz parallel zur Schwarzwaldhochstraße aufwärts, bis die Markierung

Blick von der Hornisgrinde auf den Nordschwarzwald

»gelbe Raute« links in den Hang zum **Mehliskopfturm** abzweigt; er bietet eine herrliche Aussicht über Täler und Höhen des Nordschwarzwalds. Auch das Ziel, die von einem Funkturm überragte Hornisgrinde, ist in Sicht. Nicht nur auf dem Mehliskopfturm lohnt es sich bei dieser Wanderung, ein Fernglas dabeizuhaben.

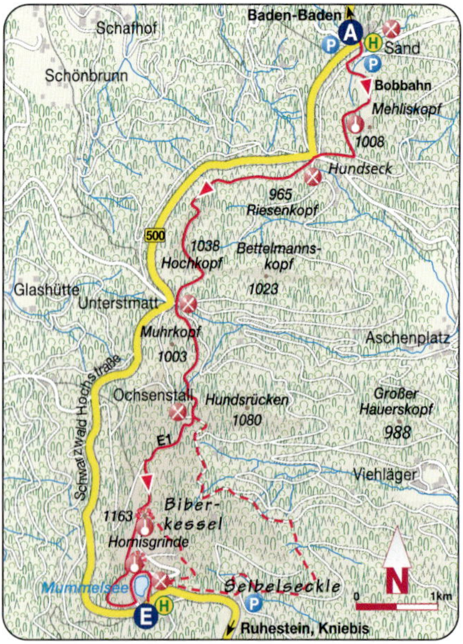

Vom Aussichtsturm führt der Weg hinab zur Höhengaststätte **Hundseck** an der Schwarzwaldhochstraße, wo er wieder auf den Westweg mündet. Vom Hundseck führt der Westweg aufwärts in den Wäldern des **Riesenkopfs** und erreicht mit dem **Hochkopf** den ersten Panoramagipfel des Grindenschwarzwalds.

Nach dem Abstieg zum Höhenhotel **Unterstmatt**, wo der Westweg wieder die Schwarzwaldstraße tangiert, bringen schmale Pfade und Bohlenstege durch Nadelwald zum autofreien Ski- und Wanderheim **Ochsenstall**, wo

8

Auf dem Mehliskopfturm

man zünftig übernachten kann. Recht steil führt die rote Westweg-Raute nun auf die baumlose, aussichtsreiche **Hornisgrinde**, durch die ein Naturlehrpfad leitet. Die Hornisgrinde ist mit 1163 m die höchste Erhebung des nördlichen Schwarzwalds und dank ihres Aussichtsreichtums eines der lohnenswertesten Wanderziele. Die Bezeichnung »Grinde« weist darauf hin, dass das zum Teil vermoorte Gipfelplateau früher als Viehweide genutzt wurde und waldfrei ist. Frei schweift der Blick westwärts über das Rheintal hinweg zu den Vogesen und im Osten an klaren Tagen bis zur Schwäbischen Alb. Auf der Ostseite findet sich hoch über dem Biberkessel ein Hochmoor, durch das vom Bismarckturm aus der Naturlehrpfad über einen Bohlensteg führt. Der zweite Aussichtsturm, der Hornisgrindeturm, steht am Südende des Gipfelplateaus.

Tipp

Der Grindenpfad

Dieser kindgerechte, 4,2 km lange Naturlehrpfad auf dem von Hochmooren, Borstgrasmatten und Heidekraut bedeckten Gipfelrücken der Hornisgrinde beginnt am Hornisgrindeturm, dem Aussichtsturm am Südende des Gipfelbereichs. Zwölf Naturlehrpfad-Stationen vertiefen das Wissen über Heide und Moor, Klima, Erdgeschichte und Landschaftsnutzung und insbesondere die Tier- und Pflanzenwelt auf dieser »Insel über dem Waldmeer«.
Vom Berghotel »Mummelsee« fährt an Wochenenden und einigen Werktagen ein Bus bis zum Hornisgrindeturm. Allerdings ist der Aufstieg mit rund 130 Höhenmetern auch mit kleineren Kindern gut zu schaffen – benutzt man die für den öffentlichen Verkehr gesperrte Teerstraße, kommt man sogar mit dem Kinderwagen hinauf.

Vom Hornisgrindeturm führt der Westweg steil und anfangs mit hervorragender Aussicht hinab zum **Mummelsee**, einem der schönsten Karseen des Schwarzwalds (siehe Wanderung Nr. 9).

9 Wildseeblick und Ruhestein

Auf dem Westweg durch die aussichtsreiche Grinde:
Mummelsee – Seibelseckle – Eutinggrab – Ruhestein

leicht
8 km
2 Std.
150 m

▶**Tourencharakter:** Bequeme Wald- und Aussichtswanderung auf zum Teil wurzeligen und feuchten Wegen.
▶**Beste Jahreszeit:** Frühjahr bis Herbst.
▶**Ausgangspunkt:** Bushaltestelle und Parkplatz am Mummelsee an der Schwarzwaldhochstraße B 500.
▶**Endpunkt:** Bushaltestelle und Parkplatz Ruhestein an der Schwarzwaldhochstraße B 500.
▶**Wanderkarte:** Wanderkarte 1:30 000 Hornisgrinde oder Freizeitkarte 1:50 000 Blatt 503 Offenburg/Ortenau/Kinzigtal/Naturpark Schwarzwald Mitte/Nord Blatt 3 (Landesvermessungsamt Baden-Württemberg).
▶**Markierung:** Rote Raute und namentliche Ausschilderungen.
▶**Verkehrsanbindung:** Schwarzwaldhochstraße B 500. Busverkehr ab Seebach, Baden-Baden usw.
▶**Einkehr:** Seibelseckle, Darmstädter Hütte, Ruhestein.
▶**Tourist-Info:** Tourist-Information Seebach, Ruhesteinstr. 21, 77889 Seebach, Internet www.seebach.de; Baiersbronn Touristik, Rosenplatz 3, 72270 Baiersbronn, Internet www.baiersbronn.de

Vom sagenumwobenen Mummelsee führt der Westweg in einer Wald- und Aussichtswanderung durch das Naturschutzgebiet »Wildsee-Hornisgrinde« zum Naturschutzzentrum Ruhestein. Mit kleinen Kindern kann man die Wanderung auch in umgekehrter Richtung machen, mit dem Naturschutzzentrum Ruhestein als Ausgangspunkt: Dort verkehrt im Sommer als Aufstiegshilfe ein Lift.

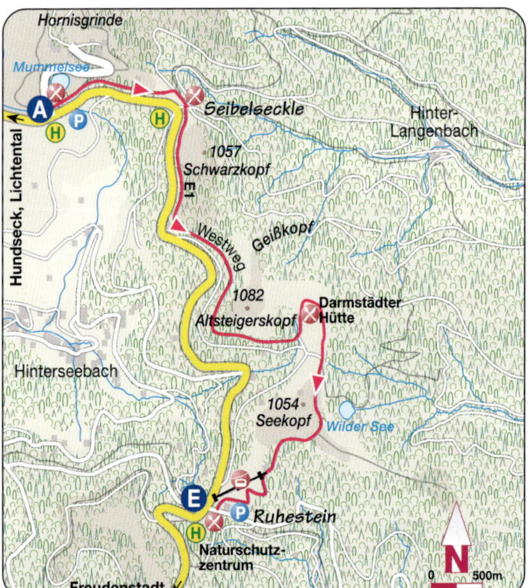

Der Wegverlauf

Vom **Mummelsee** führt der mit dem Zeichen »rote Raute« markierte Westweg im Wald hinab zur Rasthütte am **Seibelseckle**, der ersten Einkehrmöglichkeit am Weg. Hier befindet sich ein Alpin-Skizentrum mit Lift und Flutlichthang am Schwarzkopf. Im Sonnenhang des Schwarzkopfs führt der Westweg weiter südwärts, wobei sich einige hervorragende Ausblicke auf die Ortenau ergeben. Am **Altsteigerskopf** gewinnt der Westweg an Höhe und erreicht dann die autofreie **Darmstädter Hütte**, eine empfehlenswerte rustikale Wanderhütte mit Biergarten. Für Westwegwanderer und Skiläufer bietet sie auch Übernachtungsmöglichkeit.

Von der Darmstädter Hütte führt der Westweg weiter durch das Naturschutzgebiet mit seinem charakteristischen Wechsel aus Grindenflächen und Wetterkiefern und erreicht das **Eutinggrab**, wo sich eine herrliche Aussicht auf den unterhalb liegenden Wilden See bietet. Der Wilde See oder Wildsee ist ein Karsee am Fuß des Seekopfs in der Ostflanke des Nordschwarzwald-Hauptkamms. Ausgeschürft wurde die Hohlform (910 m), in der der 2,4 ha kleine und knapp 12 m tiefe See liegt, von einem Hängegletscher der Eiszeit. Der See wird über 100 m von einer schroffen, von Felsblöcken bedeckten Karwand überragt. An ihrem oberen Ansatz befindet sich das Eutinggrab.

Vom Eutinggrab bietet sich ein hervorragender Blick hinab auf den Wilden See und auf das »Waldmeer« des nordöstlichen Schwarzwalds, an klaren Tagen reicht der Blick bis zur Schwäbischen Alb. Beim Wilden See beginnt der Bannwald »Wilder See-Hornisgrinde«, ein Totalreservat, das forstwirtschaftlich nicht mehr genutzt wird und sich durch natürliche Waldentwicklungsprozesse in einen Urwald verwandeln soll. Der Bannwald weist eine reichhaltige Flechten-, Moos- und Pilzflora auf.

Bald nach Verlassen des Eutinggrabs passiert der Westweg die Abzweigung des Wanderwegs ins Murgtal und senkt sich dann in aussichtsreichen Skipistenwiesen hinab zum **Naturschutzzentrum Ruhestein**.

Tipp

Der Mummelsee

Benannt ist der nahezu kreisrunde, mit 1029 m höchstgelegene und mit knapp 18 m tiefste Karsee des Gebirges nach den »Mummel«: Der Name bezieht sich sowohl auf die zur Mittsommerzeit ihre gelben Blüten entfaltenden Teichrosen als auch auf die geisterhaften Wesen, die als in der Tiefe des Sees lebend gedacht wurden. Eduard Mörike gedachte ihrer in seiner Ballade »Die Geister am Mummelsee« (1829).

Die Promenade rund um den See beginnt und endet am Gasthof neben dem Großparkplatz und Tretbootverleih.

Tipp

Naturschutzzentrum Ruhestein

Das Naturschutzzentrum Ruhestein bietet in seiner Dauerausstellung faszinierende Einblicke in die Welt des Nordschwarzwalds und veranstaltet ganzjährig Exkursionen unter der Leitung von Biologen, Förstern oder dem Schliffkopf-Ranger: Morgenrot, Eulen, Vögel, Bannwald und Grinden, Wildnis, Sommerdämmerung, Hochmoor, Fledermäuse, Pilze – zu fast zahllosen Themen werden Führungen veranstaltet.

Informationen: Naturschutzzentrum Ruhestein, Schwarzwaldhochstraße 2, 77889 Seebach, Internet www.naturschutzzentren-bw.de/ruhestein/

10 Dreiseenwanderung bei Baiersbronn

Über den Kniebis: Obertal – Buhlbachsaue – Buhlbachsee – Alexanderschanze – Kniebis – Ellbachseeblick – Sankenbachfälle – Baiersbronn

mittel

20 km

5 Std.

400 m

▶Tourencharakter: Fast durchgehend gut begehbare Wege; der Aufstieg zur Zuflucht ist steil, der kurze Abstieg neben dem Sankenbachfall sehr steil und steinig.
▶Beste Jahreszeit: Frühjahr bis Herbst.
▶Ausgangspunkt: Wanderparkplatz und Bushaltestelle Obertal Adler (605 m) am Kurpark und der Tourist-Information von Obertal-Buhlbach, Ortsteil von Baiersbronn.
▶Endpunkt: S-Bahnhof Baiersbronn.
▶Wanderkarte: Freizeitkarte 1:50 000 Blatt 504 Freudenstadt/Kniebis/Oberer Neckar/Naturpark Schwarzwald Mitte/Nord Blatt 4 (Landesvermessungsamt Baden-Württemberg). Nahezu den gesamten Wegverlauf (bis zum Parkplatz im Sankenbachtal) zeigt auch die Wanderkarte 1:35 000 Renchtal Ortenau (Landesvermessungsamt Baden-Württemberg).
▶Markierung: Blaue Raute, rote Raute (Westweg) und namentliche Ausschilderungen.
▶Verkehrsanbindung: Anfahrt auf der A 5 Basel–Karlsruhe Ausfahrt Rastatt, weiter auf der B 462 Richtung Freudenstadt. S 41 (Murgtal-S-Bahn) Rastatt – Baiersbronn – Freudenstadt.
▶Einkehr: Alexanderschanze, Kniebis, Baiersbronn.
▶Tourist-Info: Baiersbronn Touristik, Rosenplatz 3, 72270 Baiersbronn, Internet www.baiersbronn.de; Gäste-Büro Freudenstadt, Marktplatz 64, 72250 Freudenstadt, Internet www.freudenstadt.de

Mit dem Buhlbach-, dem Ellbach- und dem Sankenbachsee berührt diese Wanderung drei der schönsten Karseen am Kamm des Nordschwarzwalds im Quellgebiet der Murg. Mit Kindern ist es am besten, die Wanderung zu teilen, was dank der guten Busverbindung problemlos möglich ist: Bushaltestellen finden

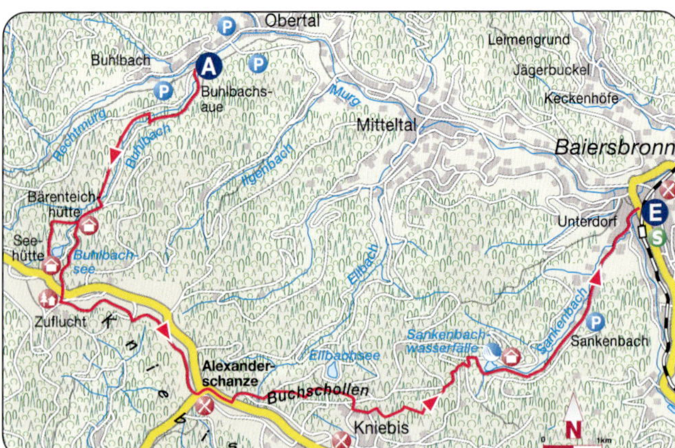

10

Kühe füttern

sich außer am Ausgangspunkt an der Zuflucht, an der Alexanderschanze und in Kniebis-Dorf.

Der Wegverlauf

Zwischen der Bushaltestelle Adler beim gleichnamigen Gasthof und der Tourist-Information in **Obertal** geht es in den Kurgarten hinein, hinter der Murg-Brücke mit der Markierung »blaue Raute« rechts hinauf zur Verzweigung Scharrain (604 m) und dort rechts Richtung »Buhlbachsaue« am Waldrand entlang mit herrlichen Ausblicken auf die Wiesen und Wälder des Rechtmurgtals. In **Buhlbachsaue** an der Mündung des Buhlbachs in die Rechtmurg führt die Markierung »blaue Raute« aufwärts im **Buhlbachtal** auf einem Forstweg, wechselt bald auf einen schmaleren, schönen Waldweg im Gegenhang und leitet recht steil hinauf zum **Buhlbachsee**, an dem die **Seehütte** zur Rast lädt. Der Buhlbachsee ist ein Karsee in einem tief eingekerbten Talkessel in der Ostflanke des Nordschwarzwald-Hauptkamms. Seine Besonderheit ist der inselartig auf dem Wasser liegende Schwingrasen; er löste sich vom Boden, als vermutlich im 19. Jahrhundert Flößer den damals

10

fast völlig verlandeten See aufstauten, um das Wasser als Schwallwasser für die Holztrift zu nutzen. Neben seltenen Torfmoosen wachsen auf dem Schwingrasen das Wollgras und der »fleischfressende« Sonnentau. Seit der Wiederherstellung der Stauvorrichtung 1949/50 ist der Buhlbachsee 2,7 ha groß und bis zu 8 m tief.

Vom Buhlbachsee gehen wir kurz zurück und folgen dann der blauen Raute steil rechts hinauf zur Schwarzwaldhochstraße und zur **Zuflucht** (Jugendherberge). Dort mündet der Zugangsweg auf den Westweg (rote Raute), der links durch ein Wald- und Grinden-Naturschutzgebiet zur **Alexanderschanze** führt.

Während der Westweg an der Alexanderschanze auf den Rücken zwischen den Tälern von Wolf und Wilder Rench wechselt, führen die Wanderwegeschilder weiter Richtung Baiersbronn. Schon bald ist am Rand des Dorfs **Kniebis** der sehenswerte **Ellbachseeblick** erreicht: Fast unvermittelt fällt der Blick hinab auf den verlandeten Karsee. Der sagenumwobene Ellbachsee wird von einer 140 m hohen Karwand überragt, in der urtümliche Tannen-Fichten-

Rasten und bei Laune bleiben: Kinder spielen mit dem Murgel in Baiersbronn.

Am Buhlbachsee

Wälder wachsen, während ihn zum Ausfluss hin sichelförmige Moränen flankieren. Auch das Wasser des Ellbachsees wurde früher als Schwallwasser zur Holztrift benutzt, heute ist der als Naturdenkmal ausgewiesene, nur 2 m tiefe See zum größten Teil von einem Schwingrasen bedeckt, die sichtbare Wasserfläche ist nur 0,5 ha groß. Der Name Ellbach soll von den »Elfen« kommen, die im Ellbachsee wohnen, aber er wird auch als »Elchbach« gedeutet; der Gute Ellbach vereinigt sich bei Roßweg mit dem Bösen Ellbach, vereint strömen sie dann der Murg zu, in die sie in Mitteltal münden.

Vom Ellbachseeblick geht es am Rand von Kniebis weiter Richtung »Baiersbronn – Wasserfälle«. Von der **Wasserfallhütte** geht es kurz steil hinab neben dem **Sankenbach-Wasserfall**. Unterhalb des Wasserfalls lädt am **Sankenbachsee** eine Grillhütte zum Verweilen ein. Vom See führt die blaue Raute durch das Sankenbachtal zum **Bahnhof Baiersbronn**.

Tipp

Sankenbach-Wasserfall

Hauptattraktion beim Sankenbachsee, der von Baiersbronn aus gut erreichbar ist, sind vor allem für Kinder die Sankenbachfälle, die ebenso wie der See künstlich sind. Da der Sankenbach oberhalb des Kars nur ein kleines Rinnsal ist (außer nach starken Regengüssen), wird er in ein Staubecken geleitet. Wird dieses von Hand geöffnet, stürzen die gesammelten Wassermassen 40 m durch die Felswand – ein Spektakel, das jeder durch Öffnen der Stauvorrichtung selbst inszenieren kann.

11 Vom Kniebis ins Kinzigtal

Auf dem Westweg über den Brandenkopf: Alexanderschanze – Lettstädter Höhe – Harkhof – Brandenkopf – Hausach

mittel

31 km

8 Std.

300 m

▶ **Tourencharakter:** Wald- und Aussichtswanderung auf Forstwegen und Pfaden, lediglich der Schlussabstieg ins Kinzigtal ist steil; montags gibt es auf der Strecke keine Einkehrmöglichkeit. Vom Westweg sind mehrere Abstiegsvarianten ins Wolf-, ins Rench- und ins Harmersbachtal ausgeschildert, sodass man die Wanderung an vielen Stellen abbrechen kann. In den Talorten finden sich Bus- bzw. S-Bahn-Haltestellen.
▶ **Beste Jahreszeit:** Frühjahr bis Herbst.
▶ **Ausgangspunkt:** Parkplatz und Bushaltestelle Alexanderschanze (968 m) in Freudenstadt-Kniebis an der Abzweigung der B 28 von der Schwarzwaldhochstraße B 500.
▶ **Endpunkt:** Bahnhof Hausach (238 m) im Kinzigtal.
▶ **Wanderkarte:** Freizeitkarte 1:50 000 Blatt 503 Offenburg/Ortenau/Kinzigtal/Naturpark Schwarzwald Mitte/Nord Blatt 3 (Landesvermessungsamt Baden-Württemberg).
▶ **Markierung:** Rote Raute und namentliche Ausschilderungen.
▶ **Verkehrsanbindung:** A 5 Basel–Karlsruhe Ausfahrt Appenweier, dann auf der B 28 weiter Richtung Freudenstadt. Von Freudenstadt (Bahnhof) fährt der Bus zur Alexanderschanze. Vom Zielort Hausach fährt die Kinzigtalbahn, ein Zweig der Ortenau-S-Bahn, zurück nach Freudenstadt bzw. nach Offenburg.
▶ **Einkehr:** Waldhotel Palmspring (Palmspring 1, 77740 Bad Peterstal-Griesbach, Tel. 07806/301, Internet www.palmspring.de), Harkhof (Fam. Erwin Hug, Hark 1, 77784 Oberharmersbach, Tel. 07837/835, Internet www.harkhof.de), Kreuzsattelhütte (Einkehr Mai–Okt. So/Fei), das Wanderheim Brandenkopf der Schwarzwaldvereins-Ortsgruppe Oberharmersbach ist ganzjährig bewirtschaftet (Mo Ruhetag) und übernimmt den Rucksacktransport für Wanderer auf dem West- und dem Hansjakobweg (Wanderheim Brandenkopf, Brandenkopf 1, 77784 Oberharmersbach, Tel. 07831/61 49).
▶ **Tourist-Info:** Tourist-Info Bad Rippoldsau-Schapbach, Kurhausstr. 2, 77776 Bad Rippoldsau-Schapbach, www.bad-rippoldsau-schapbach.de; Kurverwaltung Bad Peterstal-Griesbach, Schwarzwaldstr. 11, 77740 Bad Peterstal-Griesbach, Internet www.badenpage.de/bad-peterstal; Tourist-Information Oberharmersbach, Dorf 60, 77784 Oberharmersbach, Internet www.oberharmersbach.de; Verkehrsamt Hausach, Hauptstr. 40, 77756 Hausach, Internet www.hausach.de

Am Glaswaldsee

Mit zahlreichen Ausblicken führt der Westweg von der Alexanderschanze in sanftem Auf und Ab über den bewaldeten Höhenrücken zwischen Rench- und Wolfachtal und über den Brandenkopf. Dort kann man den Aussichtsturm besteigen und im Wanderheim des Schwarzwaldvereins übernachten.

Auch der Harkhof oder das 1 km vom Weg entfernt liegende Waldhotel Palmspring sind empfehlenswerte Übernachtungsmöglichkeiten.

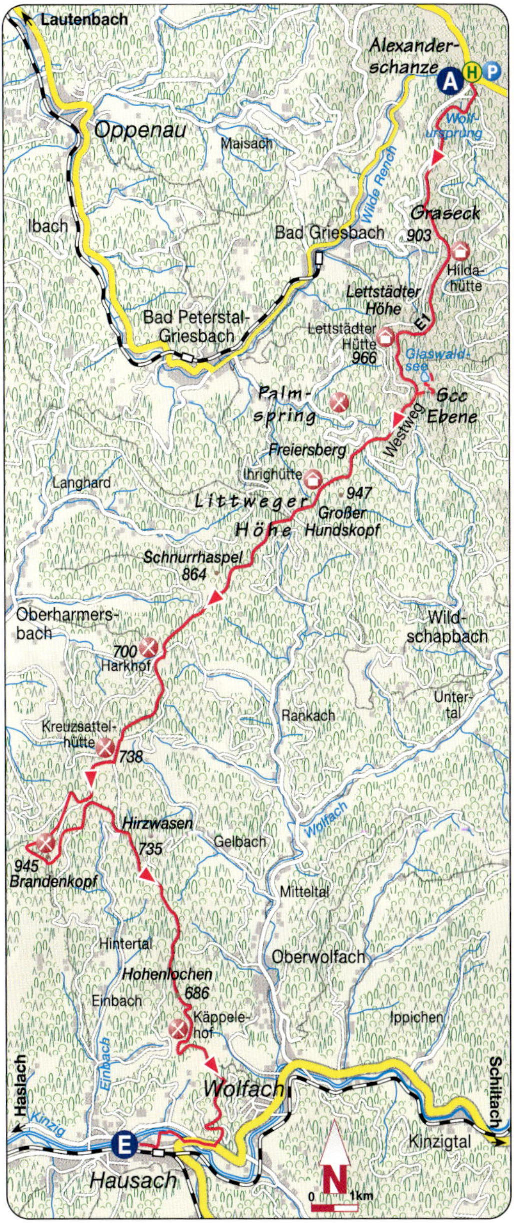

Der Wegverlauf

Ausgangspunkt ist der Parkplatz oberhalb des Hotels »**Alexanderschanze**«. Von dort führt der Westweg kurz Richtung Wolfursprung abwärts, leitet dann rechts auf dem Schanzenweg zum Windrad-Parkplatz an der B 28 und wechselt dort auf den Neuen Höhenweg, der mit wunderschönen Renchtal-Ausblicken zur Startstelle der Drachenflie-

11

ger hoch über Bad Griesbach führt – ein guter Platz für eine Rast.

Kurz nach Passieren des aussichtsreichen **Grasecks** lädt die **Hildahütte** zur Rast, dann geht es auf teils steinigem Weg über die **Lettstädter Höhe**, hinter der die **Lettstädter Hütte** einen aussichtsreichen Rastplatz bietet. Auf der wenig später erreichten **See-Ebene** zweigt der Zugangsweg »blaue Raute« links hinab zum **Glaswaldsee** ab – ein lohnenswerter Abstecher. Von der See-Ebene senkt sich der Westweg am **Juliusbrunnen** vorbei zum Parkplatz **Freiersberg** an der Passstraße von Bad Peterstal nach Schapbach. Hier besteht die Möglichkeit, mit der »gelben Raute« zum Waldhotel Palmspring oberhalb von Bad Peterstal abzusteigen bzw. sich abholen zu lassen.

Vom Freiersbergsattel steigt der Westweg sanft an zur **Ihrighütte** im Hang des Großen Hundskopfs, senkt sich dann hinab zur Wegespinne **Littweger Höhe** (Schutzhütte) und führt auf Forstwegen, teils auch auf Graswegen und Pfaden weiter zum **Harkhof**, wo man einkehren und übernachten kann. Zunächst auf einem Forstweg, dann auf einem Pfad geht es weiter zur **Kreuzsattelhütte** (Parkplatz), wo von Mai bis Oktober an Sonn- und Feiertagen Einkehrmöglichkeit besteht. Kurz nach Passieren der Kreuzsattelhütte verzweigen sich die Wege: Der E 1 führt geradeaus (Abkürzung), während der Westweg rechts zum **Brandenkopf** abzweigt.

Vom Brandenkopf senkt sich der Westweg im Wald hinab zum **Hirzwasen**, wo er sich wieder mit dem E 1 vereinigt. Mit Aussichtsstellen führt er im Wald weiter über den **Hohenlochen**, wo der steile Abstieg ins Kinzigtal beginnt. Kurz nach Passieren der **Hohenlochenhütte** geht es oberhalb des Osterbacher Käppelehofs (Einkehrmöglichkeit; Abstecher) vorbei zum **Weißen Kreuz** und zum **Spitzfelsen**, wo sich ein einmaliger Blick auf Hausach und das Kinzigtal bietet. Steil geht es nun hinab ins **Kinzigtal**, auf der Bundesstraßenbrücke über den Fluss, kurz flussabwärts und dann links zum Bahnhof von **Hausach**.

Tipp

Der Brandenkopf – König des mittleren Schwarzwalds

Der steil zwischen den Tälern von Harmersbach, Kinzig und Wolfach aufragende markante Brandenkopf (945 m) hieß einst »Varnlehenskopf« und wurde nach einem verheerendem Waldbrand 1730 in »Brennetenkopf« umbenannt. Daraus entwickelte sich das heutige »Brandenkopf«.

Als »König des mittleren Schwarzwalds« ist er heute Ziel für Wanderer und Mountainbiker ebenso wie für Luftwanderer, die in ihren Segel- oder Motorfliegern den Aussichts- und den Fernsehturm sowie die Windkraftanlage auf dem Berg als Orientierungs- bzw. Wendemarke ansteuern. Der steinerne Aussichtsturm bietet einen prächtigen Rundblick über die Berge und Täler, an klaren Tagen schweift der Blick über die Rheinebene hinweg bis zu den Vogesen, an manchen Herbst- und Wintertagen zeigen sich die Alpen.

Von Haslach nach Hausach

12

Auf dem Hansjakobweg hoch über dem Kinzigtal: Haslach – Heiliger Brunnen – Bannstein – Hausach

leicht

12 km

3 Std.

250 m

▶**Tourencharakter:** Bequeme Waldwanderung mit vielen Aussichtsstellen.
▶**Beste Jahreszeit:** Frühjahr bis Herbst.
▶**Ausgangspunkt:** Bahnhof Haslach an der Schwarzwaldbahn/Kinzigtalbahn.
▶**Endpunkt:** Bahnhof Hausach an der Schwarzwaldbahn/Kinzigtalbahn.
▶**Wanderkarte:** Wanderkarte 1:30 000 Vorderes Kinzigtal oder Freizeitkarte 1:50 000 Blatt 503 Offenburg/Ortenau/Kinzigtal/Naturpark Schwarzwald Mitte/Nord Blatt 3 (Landesvermessungsamt Baden-Württemberg).
▶**Markierung:** Schlapphut, blaue Raute, Muschel und namentliche Ausschilderungen.
▶**Verkehrsanbindung:** Schwarzwaldbahn Offenburg – Gengenbach – Haslach – Hausach. A 5 Basel–Karlsruhe Ausfahrt Offenburg, weiter auf der B 33 an Offenburg vorbei durch das Kinzigtal bis Haslach.
▶**Einkehr:** Haslach, Hausach-Dorf, Hausach.
▶**Tourist-Info:** Tourist-Information Haslach, Im Alten Kapuzinerkloster (Klosterstr. 1), 77716 Haslach im Kinzigtal, Internet www.haslach.de; Verkehrsamt Hausach, Hauptstr. 40, 77756 Hausach, Internet www.hausach.de

Von der sehenswerten Haslacher Altstadt mit ihren Fachwerkhäusern führt der Hansjakobweg zum Heiligen Brunnen und durch die Wälder über dem Kinzigtal in die Burgstadt Hausach. Von dort geht es mit Bahn oder Bus oder auf dem attraktiven Rotstrichweg zurück in die »Hauptstadt des Kinzigtals«.

Der Wegverlauf

Hinter der Schwarzwaldstraße (B 33) vor dem **Bahnhof Haslach** führt die Gerbergasse in die sehenswerte Fachwerk-Altstadt von

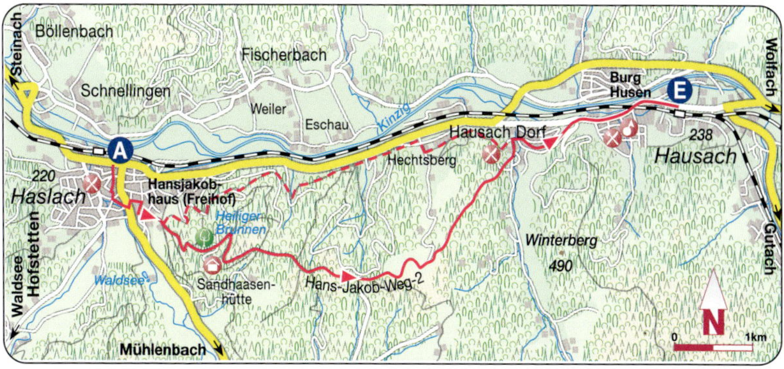

Haslach hinein. Am Rathaus vorbei geht es zur katholischen Stadtkirche, hier halb links weiter durch die Mühlenbacher Straße und nach Queren der Grafenstraße (B 294) geradeaus durch die Rotkreuzstraße zum Wald hinauf. Der Hansjakobweg macht am Beginn der Rotkreuzstraße einen Schlenker nach links zum **Hansjakobhaus (Freihof)** und führt von dort rechts zur Rotkreuzstraße zurück. Bald geht die Rotkreuzstraße in den Rotkreuzweg über und erreicht an der **Rotkreuzhütte** bei der **Waldteufelseiche** den Wald.

Haslach ist bis heute ein wichtiger Marktort.

An der Rotkreuzhütte mündet die Markierung »blaue Raute« auf unseren Weg, der rechts weiter aufwärts im Wald führt, bis am sagenumwobenen **Heiligen Brunnen** Bänke zur Rast laden. Das Wasser des Heiligen Brunnens soll die Fertilität fördern, weshalb die Quelle auch Kindlesbrunnen genannt wird. Anders als an anderen Quellen, um die sich ähnliche Legenden ranken, bitten am Heiligen Brunnen nicht Frauen um die Erhörung von Kinderwünschen, sondern Einzelkinder wünschen sich hier ein Brüderchen oder ein Schwesterchen und stellen zum Zeichen dafür ein Holzkreuz an die Quelle. Die Quelle soll dem Boden entsprungen sein, als ein hier lebender Einsiedler namens Rudolfus von Mordgesindel umgebracht wurde. Zur Erinnerung daran wurde unter den alten Buchen eine Kapelle erbaut.

Nächste Raststation ist die **Sandhasenhütte** (Schutzhütte), bei der sich eine schöne Aussicht bietet. Weiter durch den Wald wandernd, gesellt sich beim **Bannstein** (Grenzpunkt der Gemarkungen von Haslach, Mühlenbach und Hausach) als weitere Markierung das Muschelzeichen des Kinzigtäler Jakobswegs zu unserer Route, während uns die blaue Raute bald darauf verlässt.

Nun treten Hansjakob- und Jakobsweg in aussichtsreiche Wiesenflur, am **Oberen Hof** (Mathesenhof) bietet sich ein prachtvoller

12

Blick über das Kinzigtal hinweg zum Brandenkopf. Im Wald geht es nun hinab nach **Hausach-Dorf**. Wer zurück nach Haslach wandern will, folgt der Markierung »rotes Andreaskreuz« am Dorfbauernhof vorbei auf dem Kaiserwaldweg nach Hechtsberg. Dort geht es mit dem Zeichen »roter Strich« weiter zur Teufelskanzel, einem sagenumwobenen Aussichtspunkt über dem Kinzigtal, und zurück zur Rotkreuzhütte.

Mit Ziel Hausach gehen wir bei der Dorfkirche rechts weiter durch die Dietersbachstraße, die unterhalb von **Burg Husen** auf die Hauptstraße mündet; der steile Abstecher zur Burg ist ausgeschildert. Die weithin sichtbare Burgruine Husen auf einem Bergsporn hoch über dem Städtchen bietet dank ihrer exponierten Lage eine hervorragende Aussicht ost- und westwärts in das Kinzigtal sowie nordwärts in das Einbachtal mit dem darüber aufragenden Brandenkopf. Die Ruine ist frei zugänglich, der Bergfried ist von Mai bis Oktober jeden ersten Sonntag im Monat von 12 bis 18 Uhr geöffnet.

Tipp

Buggy-Tour von Waldsee zu Waldsee

Für Eltern mit kleineren Kindern lohnt die »Buggy-Tour« vom Haslacher Waldsee zum Waldsee von Hofstetten. Startpunkt der 5 km langen Wanderung ist der Parkplatz Waldsee in Haslach, ausgeschildert an der B294 Richtung Mühlenbach. Von dort führen der ausgeschilderte Panoramaweg und der Bächleweg zum Schwimmbad Hofstetten und zum Waldsee Hofstetten mit Spielplatz. Einkehrmöglichkeiten sind die Gasthäuser »Drei Schneeballen« und »Linde« in Hofstetten und die »Waldseeterrasse« am Waldsee. Zurück geht es auf demselben Weg.

Der Hansjakobweg folgt der Hauptstraße durch **Hausach** bis zur Abzweigung der Breitenbachstraße, während wir noch ein Stück weiter bis zum Bahnhof gehen.

Früher Morgen im Kinzigtal

13 Kastelburg, Hochburg, Landeck und Lichteneck

Burgen zwischen Wald und Rebland: Waldkirch – Kastelburg – Sexau – Hochburg – Landeck – Kenzingen

mittel

32 km

8 Std.

500 m

▶Tourencharakter: Bequeme Wald- und Weinbergewanderung; wenn man sie mit Zwischenstopp Emmendingen plant, ist sie auch für größere Kinder geeignet.
▶Beste Jahreszeit: Frühjahr und Herbst.
▶Ausgangspunkt: S-Bahnhof Waldkirch.
▶Endpunkt: DB-Bahnhof Kenzingen.
▶Wanderkarte: Freizeitkarte 1:50 000 Blatt 505 Freiburg im Breisgau/Kaiserstuhl/Naturpark Südschwarzwald Blatt 1 (Landesvermessungsamt Baden-Württemberg).
▶Markierung: Rote Raute mit eingezeichnetem K (Kandel-Höhenweg), grüne Scheibe (Vierburgenweg) und namentliche Ausschilderungen.
▶Verkehrsanbindung: Bahnhof Waldkirch an der Breisgau-S-Bahn-Linie Freiburg – Waldkirch – Elzach. Die Fahrt von Kenzingen nach Freiburg dauert ohne Umsteigen eine halbe Stunde; ebenso kurz ist die Rückfahrt von Kenzingen nach Waldkirch, wobei man in Denzlingen umsteigen muss.
▶Einkehr: Waldkirch, Reichenbächle, Sexau, Kenzingen.
▶Tourist-Info: Tourist-Information Waldkirch, Kirchplatz 1, 79183 Waldkirch, Internet www.zweitaelerland.de oder www.stadt-waldkirch.de; Verkehrsamt Sexau, Dorfstr. 61, 79350 Sexau, Internet www.sexau.de; Tourist-Information Emmendingen, Landvogtei 10, 79312 Emmendingen, Internet www.emmendingen.de; Gemeindeverwaltung Teningen, Rathaus, Riegeler Str. 12, 79331 Teningen, Internet www.teningen.de; Tourist-Information Kenzingen, Hauptstr. 15 (Rathaus), 79341 Kenzingen, Internet www.kenzingen.de

Die Hochburg steht auf einem niederen Hügel, auf dem Wein angebaut wird.

In einer abwechslungsreichen Mischung aus Wald, Wiesenland und Rebfluren führt der Vierburgenweg zu vier imposanten Burgruinen, die allesamt unter Denkmalschutz stehen und hervorragende Ausblicke bieten. Der Zielort Kenzingen wartet mit einer historischen Altstadt auf und der Eichberg bei Emmendingen mit dem höchsten Aussichtsturm des Schwarzwalds.

Der Wegverlauf

Vom S-Bahnhof **Waldkirch** zeigt die rote Raute des Kandel-Höhenwegs Richtung Kastelburg, überquert die Bahngleise und folgt dem »Fußweg zur Burg« den Berg hinauf. Eine 2 m hohe Holztafel mit Burgfräulein markiert den Beginn des Ritterwanderwegs zur Kastelburg (siehe Kasten), der am Wanderparkplatz beginnt.

Von der Kastelburg führen die rote Kandelweg-Raute und das Zeichen »grüne Scheibe« des Vierburgenwegs in gemeinsamer Routenführung durch den Wald und trennen sich kurz vor dem Sexauer Haseneckle: Hier wechselt der Vierburgenweg in das Reichenbächletal und erreicht **Sexau** im Brettental. Von der Dorfstraße zweigt der Vierburgenweg auf dem Wassergässle über den Brettenbach ab, folgt dem Fuß des **Hornwalds** kurz auf dem Sexauer Traufweg rechts und erreicht mit der **Hochburg** eine der größten Burganlagen im deutschen Südwesten.

Von der Hochburg führt der Vierburgenweg hinab zur Landwirtschaftlichen Schule und zunächst in aussichtsreichem Wiesenland, dann im Wald am Basaltschlot des **Malecker Buck** – Rest eines

13

ehemaligen Vulkans – vorbei zum **Eichbergturm**. Der Eichbergturm auf dem Eichberg (369 m) bei Emmendingen misst 48 m bis zur Aussichtskanzel und ist der höchste Aussichtsturm im Schwarzwald. Die aus Eichenholz gefertigte Aussichtskanzel überragt die Kronen der umgebenden Laubwälder um rund 10 m. Getragen wird die Aussichtskanzel von sechs 40 m langen Douglasienstämmen.

Wer den Vierburgenweg in zwei Etappen begehen will, folgt am Eichbergturm der Wanderwegebeschilderung hinab nach Emmendingen, während der Vierburgenweg durch die Wälder der Emmendinger Vorberge weiterführt zur Doppelburg **Landeck** hoch über Teningen und dem Elztal.

Die mittelalterliche Hochburg wurde im 17. Jh. zur Festung ausgebaut.

Von der Landeck führt der Vierburgenweg schön einsam teilweise auf Pfaden durch den **Vierdörferwald**, der jahrhundertelang gemeinsam von den Dörfern Malterdingen, Heimbach, Köndringen und Mundingen genutzt wurde. An der Wegespinne **Beim Kreuzweg** an der Passstraße von Freiamt nach Malterdingen wendet sich der Vierburgenweg links und strebt durch das aussichtsreiche Rebland der **Ruine Lichteneck** auf einem Muschelkalkstotzen hoch über der Rheinebene zu. Ohne die Ruine zu berühren, führt der Weg aussichtsreich durch die Weinberge hinab zum ehemaligen Zisterzienserinnenkloster **Wonnental** und erreicht wenig später **Kenzingen** an der Badischen Weinstraße.

Tipp

Ritterwanderweg

Der mit Holzritterskulpturen ausgeschilderte kinderwagenfähige Ritterwanderweg führt in 20 Minuten vom S-Bahnhof Waldkirch zur Kastelburg – und bildet damit die optimale Route für alle, die den großen Vierburgenweg noch nicht schaffen. Entlang des Weges »erzählen« acht mannshohe hölzerne Ritterfiguren aus ihrem Leben und weisen zugleich die Route. 2005 hat ein hölzernes Burgfräulein mit einem riesigen silbernen Schwert den Kreis erweitert: Es markiert den Beginn des Ritterwanderwegs hinter dem Bahnhof an der Straße in Richtung Krankenhaus an der Abzweigung zum ehemaligen staatlichen Forstamt.

Simonswälder Mühlenwanderweg

14

Schwarzwaldmühlen am rauschenden Bach: Simonswald – Gummeneck – Oelmühle – Simonswald

▶**Tourencharakter:** Bequeme Tal- und Aussichtswanderung.
▶**Beste Jahreszeit:** Frühjahr bis Herbst.
▶**Ausgangs-/Endpunkt:** Festplatz Simonswald.
▶**Wanderkarte:** Freizeitkarte 1:50 000 Blatt 506 Titisee-Neustadt (Landesvermessungsamt Baden-Württemberg).
▶**Markierung:** Blaue Raute, gelbe Raute und namentliche Ausschilderungen.
▶**Verkehrsanbindung:** Bushaltestelle Simonswald Rathaus. A 5 Basel–Karlsruhe Ausfahrt Freiburg Nord, dann B 294 nach Waldkirch bis zur Ausfahrt Waldkirch Ost, weiter Richtung Simonswald.
▶**Einkehr:** Simonswald.
▶**Tourist-Info:** Tourist-Information Simonswald, Talstr. 14 a, 79263 Simonswald, Internet www.zweitaelerland.de

leicht
9 km
3 Std.
300 m

Der Simonswälder Mühlenwanderweg führt in der wunderschönen Landschaft zu Füßen von Kandel und Rohrhardsberg zu vier restaurierten Schwarzwaldmühlen, die an Aktionstagen in vollem Betrieb erlebt werden können.

Der Wegverlauf

Die **Kronenmühle** an der Mündung des Ettersbachs in die Wilde Gutach bildet im alten Ortszentrum von **Simonswald** den Auftakt des Mühlenwanderwegs. Benannt ist die um 1800 erbaute Wassermühle nach dem Gasthof **Krone-Post**, vor dem der Bus hält, wenn wir mit öffentlichen Verkehrsmitteln anreisen. Hier befinden sich auch die Kirche und die Simonswälder Tourist-Information. Die Kronenmühle war bis in die 1950er-Jahre in Betrieb, danach wurde sie nur noch als Stall genutzt und verfiel. Der Simonswälder Zimmermann Helmut Tritschler verwandelte die Mühle in liebevoller handwerklicher Kleinarbeit in ein Schmuckstück.

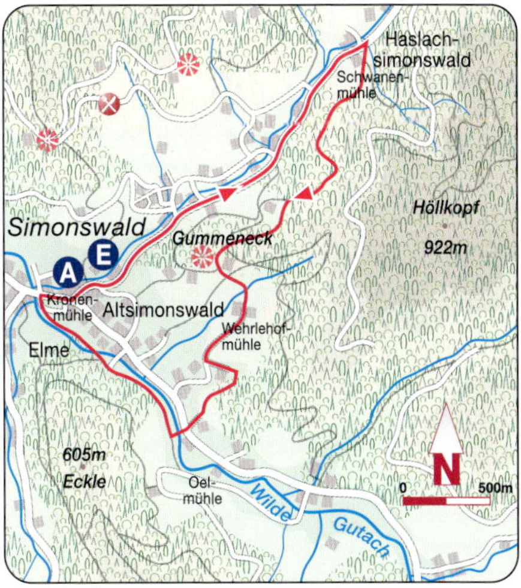

14

Von der Kronenmühle führt der Mühlenwanderweg im Tal des Haslachbachs aufwärts nach **Haslachsimonswald** zur **Schwanenmühle**, einer typischen Bauernmühle. Auf dem Einschütttrichter (Tremel) ist die Jahreszahl 1862 eingemeißelt. Das Wasser aus dem Haslachbach wird über eine Steindohle, einen offenen Graben und einen Holzkähner auf das oberschlächtige Wasserrad geleitet.
In Haslachsimonswald verlässt der Mühlenwanderweg das Tal und führt rechts den Hang hinauf zum **Gummeneck**, wo sich eine prachtvolle Aussicht auf das Simonswälder Tal bietet. Wenig später erreicht der Weg die **Wehrlehofmühle**, die Bauernmühle des Wehrlehofs am Neuenberg. Das im Jahr 1879 erbaute Gebäude befindet sich unterhalb des Hofs, wo das Dobelbächle ins Tal plätschert.
Unterhalb der Wehrlehofmühle führt der Wanderweg durch das idyllische **Weberloch** und erreicht schließlich die **Oelmühle**. Die im Jahr 1712 im Stil eines Heidehauses erbaute Mühle steht wie auf einer Insel, umflossen von der Wilden Gutach und dem Mühlenkanal. Die Oelmühle besteht aus einer Rapsmühle, einem Reibstein, einem Ölofen, um den Ölfrüchten das Wasser zu entziehen, sowie einer Pressvorrichtung, dem Torkelbaum. Angetrieben wird die Mühle durch ein unterschlächtiges Wasserrad. Geölt wurden taleigene Früchte, vor allem Raps, Mohn, Walnüsse und Buchenkerne.
Von der Oelmühle folgt der Mühlenwanderweg dem aussichtsreichen Spazierweg längs der Wilden Gutach zurück ins Zentrum von **Simonswald**.

Blick auf das Simonswälder Tal

Sankt Märgen und Sankt Peter

15

Klosterdörfer mit Alpenblick: Sankt Märgen – Kapfenkapelle – Vogesenkapelle – Schmittenbach – Sankt Peter – Oberibental – Römerstraße – Sankt Märgen

leicht

16 km

4 Std.

400 m

▶**Tourencharakter:** Aussichtsreiche Höhenwanderung auf fast durchgehend bequemen Wegen.
▶**Beste Jahreszeit:** Frühjahr bis Herbst.
▶**Ausgangspunkt:** Bushaltestelle Post bzw. Hotel Hirschen in der Feldbergstraße in der Ortsmitte von Sankt Märgen.
▶**Endpunkt:** Bushaltestelle an der Klosterkirche in Sankt Peter.
▶**Wanderkarte:** Freizeitkarte 1:50 000 Blatt 505 Freiburg/Kaiserstuhl (Landesvermessungsamt Baden-Württemberg) oder Atlasco-Wanderkarte 1:30 000 Blatt 216 Freiburg-Ost.
▶**Markierung:** Blaue Raute und namentliche Ausschilderungen.
▶**Verkehrsanbindung:** Sankt Märgen liegt an der Schwarzwald-Panoramastraße von Waldkirch im Elztal nach Hinterzarten an der B 500.
▶**Einkehr:** Sankt Märgen, Schmittenbach, Sankt Peter.
▶**Tourist-Info:** Tourist-Information Sankt Märgen, Rathausplatz 1, 79274 St. Märgen, Internet www.st-maergen.de; Tourist-Information Sankt Peter, Klosterhof 11, 79271 St. Peter, Internet www.st-peter-schwarzwald.de

Die Höhenwege zwischen den Wallfahrtsorten Sankt Märgen und Sankt Peter sind an Aussichtsreichtum kaum zu überbieten. Da zwischen beiden Orten direkter Busverkehr besteht, lässt sich die Wanderung mit Kindern auch in zwei eigenständige Wanderungen aufteilen.

Der Wegverlauf

Vor der Post in **Sankt Märgen** befindet sich die Wanderwege-Übersichtstafel, vor dem Hotel »Hirschen« stehen die Wanderwegweiser. Hier geht es aufwärts zur nahen **Rankmühle.** Schon dieser Auftakt bietet ein herrliches Panorama: Über Sankt Märgen hinweg fällt der Blick auf die fast ebene Hochfläche bis zum Thurner und zur Weißtannenhöhe, im Süden zeigen sich der Feldberg und der Schauinsland (mit dem Turm). Von der

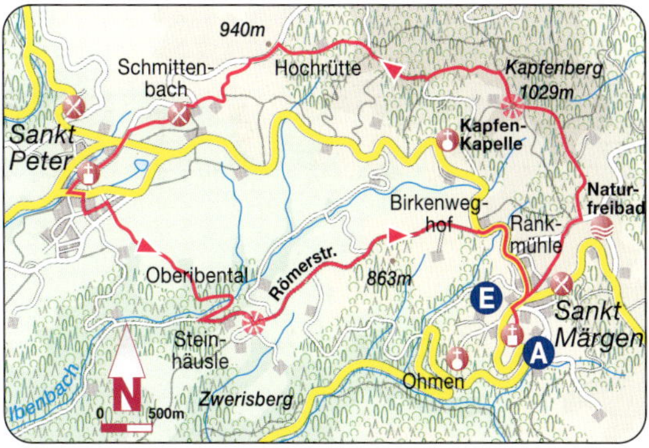

Die Wallfahrtskirche von Sankt Märgen

Rankmühle führt die blaue Raute teils im Wald zur aussichtsreichen **Kapfenkapelle** (erbaut 1848) am Waldrand am Kapfenberg; der Alternativweg mit ebenfalls schönen Ausblicken führt am Waldrand zur Kapfenkapelle und ist mit der gelben Raute markiert. An der Kapfenkapelle bietet sich eines der schönsten Hochschwarzwald-Bergpanoramen. Der Blick umfasst Weißtannenhöhe, Feldberg und Schauinsland, schweift hinab in das weite Dreisamtal mit seinen Seitentälern, bis Freiburg und auf die Klosterdörfer Sankt Märgen und Sankt Peter.

Von der Kapfenkapelle führt der Panoramaweg hinab zur Verzweigung **Rotes Kreuz**, wechselt hier links auf einen schmalen Weg am Waldrand mit traumhafter Aussicht, folgt nach kurzer Waldpassage einer aussichtsreichen Hofzufahrt und erreicht dann die **Vogesenkapelle** (erbaut 1938) an einer Waldwiese. Beschützt von hohen Tannen, steht das schindelverkleidete kleine Gotteshaus auf einer Lichtung am Waldrand.

Von der Rastwiese an der Vogesenkapelle folgt die gelbe Raute einem Wurzel- und später aussichtsreichen Wiesenweg am Hof

15

Hochritt (Hochrütti), vor dem ein Brunnen plätschert, vorbei zur Verzweigung **Vorderwillmen** (940 m).
Ab hier geht es kurz auf der Hirschmattenweg- und Potsdamer-Platz-Parkplatzzufahrt aussichtsreich abwärts. Hier muss man auf die Markierung »gelbe Raute« achten, die unvermittelt die schmale Straße nach links verlässt und aussichtsreich teils Feldwegen, teils schmalen Pfaden hinab nach **Schmittenbach** (790 m) folgt. Dort lädt ein Gasthof mit Aussichtsterrasse zur Einkehr ein (hatte 2006 geschlossen).
Die Doppelturmfassade der Klosterkirche von **Sankt Peter** im Blick, geht es auf aussichtsreichen Wegen und Pfaden weiter abwärts, durch eine Fußgängerunterführung unter der Straße her ins Dorf und in wenigen Minuten hinab zum **Zähringer Eck** mit Parkplatz und Bushaltestelle neben dem Kloster. Hier fährt der Bus zurück nach Sankt Märgen.
Südlich der Klostermauer von Sankt Peter folgen wir mit Richtungsangabe »Lindenberg/Sankt Märgen« dem Roten Weg hinauf zur Kreuzung mit der Lindenbergstraße (sie führt rechts zur Marienwallfahrtskirche auf dem **Lindenberg**, ein empfehlenswerter Abstecher mit herrlicher Aussicht), gehen kurz links und bei dem schindelverkleideten Häuschen auf dem Wiesenpfad rechts hinab.
Der Pfad mündet hinter einem Bach auf einen Feldweg, in den wir links einschwenken und durch abwechslungsreiche Feldflur mit Hecken, Wäldchen und Feldgehölzen ins obere **Ibental** (640 m) gelangen. Auf den Karten ist noch der ehemalige Steinhof eingezeichnet, der hier im Talgrund stand.
Nach Überqueren des Bachs geht es auf einem Teerweg am Steinhäusle vorbei hinauf zum aussichtsreichen **Zwerisberg**, in dessen Hang wir auf die **Römerstraße** treffen. Es handelt sich um eine geteerte Höfezufahrt, doch zählt sie wegen ihrer alleeartigen Flankierung durch Kirschbäume zu den beliebtesten Spazierwegen im Umkreis von Sankt Märgen. Am Wanderparkplatz **Birkweg** (889 m) mündet die Römerstraße auf die Landstraße von Sankt Peter nach Sankt Märgen. Hier folgen wir dem Gehweg in wenigen Minuten zurück nach **Sankt Märgen**.

Tipp

Naturfreibad Sankt Märgen
Großer Beliebtheit erfreut sich im Sommer das Naturfreibad von Sankt Märgen. Statt eines englischen Rasens wartet es mit Schwarzwaldwiesen als Liegewiesen auf, das klare Badewasser hat Trinkwasserqualität – ein lohnendes Ziel als Abschluss der Höhenwanderung nach und von Sankt Peter.

16 Burg Zähringen und Roßkopf

Burgruine, Aussichtspunkte, Windkraftberg: Zähringer Burg – Ochsenlager – Roßkopf – Silberbrunnen – Zähringer Burg

leicht

10 km

3 1/2 Std.

300 m

▶**Tourencharakter:** Bequeme Wald- und Aussichtswanderung, nur der kurze Aufstieg zum Roßkopf ist steil.
▶**Beste Jahreszeit:** Frühjahr bis Herbst.
▶**Ausgangs-/Endpunkt:** Parkplatz am Gasthaus Zähringer Burg.
▶**Wanderkarte:** Freizeitkarte 1:50 000 Blatt 505 Freiburg/Kaiserstuhl (Landesvermessungsamt Baden-Württemberg).
▶**Markierung:** Rote Scheibe bzw. gelbe Raute, rote Raute mit eingezeichnetem K (Kandel-Höhenweg) und namentliche Ausschilderungen.
▶**Verkehrsanbindung:** A 5 Karlsruhe–Basel Ausfahrt Freiburg-Nord, weiter Richtung Freiburg auf der Schnellstraße bis zur Abfahrt Zähringen Nord/Gundelfingen, nun dreimal rechts Richtung FR-Zähringen, nach der Bahnbrücke links in die Berggasse, zweite rechts in die Wildtalstraße und nächste links beim Café/Bäckerei Bronner in die Pochgasse; die Pochgasse führt immer bergauf durch ein Wohngebiet und dann noch 3 km durch den Wald.
▶**Einkehr:** Waldrestaurant Zähringer Burg.
▶**Tourist-Info:** Gemeinde Gundelfingen, Alte Bundesstr. 31, 79194 Gundelfingen, Internet www.gundelfingen.de; Freiburg Wirtschaft und Touristik, Rotteckring 14, 79098 Freiburg, Internet www.freiburg.de

Mit der Stammburg der Zähringer und dem Aussichtsturm auf dem Roßkopf verbindet diese Rundwanderung zwei der schönsten Aussichtspunkte im Wald zwischen Freiburg und Glottertal. Interessant ist auch das Vorrücken der Ökoindustrie in den Wald: Auf dem Roßkopf stehen mehrere Windkrafträder, die von Groß und Klein bestaunt werden.

Der Wegverlauf

Gesunde Luft, herrliche Aussicht und die Gemütlichkeit eines naturnahen Restaurants machen das Waldrestaurant **Zähringer Burg** mit seiner

16

Tipp

Windräder am Roßkopf

Der Roßkopf (737 m) ist ein beliebtes Ziel für Mountainbiker und Wanderer ebenso wie für Scharen von Schaulustigen, die die Anlagen der Windkraftindustrie besichtigen. 2003 wurde mit vier Windrädern der kontrovers diskutierte Windkraftpark eröffnet. Der Jahresertrag der »Windernte« liegt bei mindestens 17 Mio. kWh, eine Strommenge, die dem Verbrauch von rund 6000 Privathaushalten entspricht.

Gartenwirtschaft zu einem viel besuchten Ausflugsziel. Es liegt noch auf Freiburger Stadtgebiet, während sich die Burgruine Zähringen in unmittelbarer Nachbarschaft schon auf dem Gebiet der Gemeinde Gundelfingen erhebt. Im Restaurant ist der Schlüssel zur Besteigung des Turms erhältlich, Hinweisschilder zeigen den steilen Weg, der in wenigen Minuten zur Ruine der **Zähringer Stammburg** hinaufführt. Der erhaltene Bergfried bietet einen erstklassigen Blick hinüber zum Kandel jenseits des Glottertals, auf Freiburg und den Südschwarzwald sowie über die Rheinebene hinweg auf die Vogesen.

Von der Burg geht es auf demselben Weg kurz zurück Richtung Restaurant und links ab Richtung »Rottecksruhe«, wobei die Markierung »gelbe Raute« die Route weist auf dem bequemen Krämerbuchwaldweg. Im Hang des Uhlbergs führt er im Wald sacht aufwärts und bietet mehrfach schöne Ausblicke ins Wildtal und zum Kandel, ehe er nach einer guten halben Stunde den Rastplatz **Rottecksruhe** mit Kinderspielplatz erreicht. Hier zeigen die Schilder Richtung »Ochsenlager« auf den Martinsfelsenweg, der sich unterhalb des gleichnamigen Aussichtsfelsens im Nordhang des Roßkopfs zur Schutzhütte am **Ochsenlager** hinaufschlängelt.

Am Ochsenlager sind zahlreiche Wege ausgeschildert (darunter der Weg zum Wildtälereck, siehe Kasten). Der Kandel-Höhenweg führt am aussichtsreichen **Martinsfelsen** vorbei zum Aussichtsturm auf dem **Roßkopf**, und von dort recht steil hinab. An der kleinen Schutzhütte beim **Silberbrunnen** zweigt die Markierung »gelbe Raute« rechts ab und führt zurück zum Grillplatz **Rottecksruhe**. Wie beim Hinweg geht es von hier auf dem bekannten Weg zurück zum Waldrestaurant **Zähringer Burg**.

Tipp

Alternativroute

Wer die Wanderung ausdehnen will, unternimmt einen Abstecher zum ebenfalls sehr aussichtsreichen Wildtälereck, auf der Karte als gestrichelte Alternative eingezeichnet.

17 Hinterzartener Moor, Ravennaschlucht und Löffeltal

Auf dem Heimatpfad Hochschwarzwald: Hinterzarten – Hinterzartener Moor – Ravennaschlucht – Hofgut Sternen – Löffeltal – Hinterzarten

anspruchsvoll

10 km

2 1/2 Std.

200 m

▶**Tourencharakter:** Bis auf den steilen Steig durch die Ravennaschlucht überwiegen bequeme Wege.
▶**Beste Jahreszeit:** Frühjahr bis Herbst.
▶**Ausgangs-/Endpunkt:** Bahnhof Hinterzarten an der Höllentalbahn.
▶**Wanderkarte:** Wanderkarte 1:35 000 Blatt Hochschwarzwald oder Freizeitkarte 1:50 000 Blatt 505 Freiburg/Kaiserstuhl (beide Landesvermessungsamt Baden-Württemberg) oder Atlasco-Wanderkarte 1:30 000 Blatt 210 Feldberg/Schluchsee.
▶**Markierung:** Stilisiertes Mühlrad, gelbe Raute und namentliche Ausschilderungen.
▶**Verkehrsanbindung:** Höllentalbahn Freiburg – Hinterzarten – Titisee – Neustadt. A 5 Basel–Karlsruhe Ausfahrt Freiburg-Mitte, dann B 31 Richtung Donaueschingen.
▶**Einkehr:** Hofgut Sternen, Hinterzarten.
▶**Tourist-Info:** Hinterzarten Breitnau Tourismus, Freiburger Str. 1, 79856 Hinterzarten, Internet www.hinterzarten.de

Die Route durch das Hinterzartener Hochmoor, über die aussichtsreichen Ausläufer der Breitnau, durch die Ravennaschlucht ins Höllental und durch das Löffeltal zurück zählt zu den attraktivsten und traditionsreichsten Wanderwegen im Naturpark Südschwarzwald – nicht zuletzt wegen der zahlreichen Schauobjekte am Wegrand, wie Klopfsäge, Wassermühle und Seiltriebwerk.

Der Wegverlauf

Vor dem **Bahnhof Hinterzarten** geht es auf dem

17

Bahnhofsweg parallel zur Bahnlinie an den Bushaltestellen und Parkplätzen vorbei, am **Adlerweiher** links und nach Queren der Gleise geradeaus in den Wald hinein. Schon bald geht der Waldweg in einen Bohlenweg über, der durch das nasse Hochmoor mit seinen Birken und Wollgräsern führt. Nach Durchqueren des Moorzentrums führt der Weg an einer Streuwiese vorbei, dann lädt unter einer rund 350 Jahre alten Kandelaberfichte, der **Königsfichte**, eine Sitzbank zur Rast.

Oberhalb der Königsfichte geht es am Rand des Moorgebiets links Richtung Földiklinik, rechts durch den Fußgängertunnel unter der B 31 her und auf dem Martin-Gremminger-Weg zur B 500. Der Fußweg folgt der Bundesstraße kurz aufwärts zum Aussichtspunkt **Hirschenmoorblick** und zweigt dann links ab, wo er wenig später auf den Querweg (weiß-rote Raute) mündet.

Auf dem Querweg geht es kurz rechts weiter und dann links hinab durch die urtümliche **Ravennaschlucht**, in der ein schöner Rastplatz an der restaurierten **Großjockenmühle** eingerichtet wurde. Zum Teil auf Stufen und Stegbrücken führt der Weg weiter abwärts durch die eindrucksvolle Schlucht mit ihren Wasserfällen. Schließlich unterquert der Weg das **Ravennaviadukt** der Höllentalbahn und erreicht das große **Hofgut Sternen** im **Höllental**.

Vom Parkplatz vor dem Hotel führt der Heimatpfad auf der alten Höllentalstraße kurz rechts hinab in Richtung der Kapelle **Sankt Oswald**, unterquert die Bundesstraße und mündet auf den Jägerpfad. Dieser führt links hinauf ins **Löffeltal** und folgt dem Rotbach (Höllenbach) an der restaurierten **Klingensäge** und der 2002 hierher versetzten **Rutscherhofsäge** vorbei zurück nach **Hinterzarten**.

links: Wasserfälle und Kaskaden tosen durch die Ravennaschlucht.

18 Vom Schauinsland nach Horben

Panorama-Bergwelt Schauinsland: Schauinsland – Gießhübel – Horben

leicht
15 km
4 Std.
60 m

▶**Tourencharakter:** Wald- und Aussichtswanderung auf bequemen Wegen. Je nach Alter der Kinder sollte man vor dem Abstieg nach Horben den ausgeschilderten 5 km langen Gipfelrundweg (Lehrpfad) begehen.
▶**Beste Jahreszeit:** Frühjahr bis Herbst.
▶**Ausgangs-/Endpunkt:** Bergstation der Schauinslandbahn; in der Nähe befinden sich mehrere Parkplätze.
▶**Wanderkarte:** Freizeitkarte 1:50 000 Blatt 505 Freiburg im Breisgau/Kaiserstuhl/Naturpark Südschwarzwald Blatt 1 (Landesvermessungsamt Baden-Württemberg).
▶**Markierung:** Blaue Raute, gelbe Raute und namentliche Ausschilderungen.
▶**Verkehrsanbindung:** Stadtbahn Linie 4 Richtung Günterstal bis Endstation, umsteigen in den Bus bis zur Haltestelle »Talstation Schauinslandbahn« und mit der Bahn zum Gipfel.
▶**Einkehr:** Schauinsland, Gießhübel, Buckhof.
▶**Tourist-Info:** Freiburg Wirtschaft und Touristik, Rotteckring 14, 79098 Freiburg, Internet www.freiburg.de; Tourist-Information Münstertal, Wasen 47 (am Rathaus), 79244 Münstertal, Internet www.muenstertal.de; Tourist-Information Oberried, Klosterplatz 4, 79254 Oberried, Internet www.dreisamtal.de; Bürgermeisteramt Bollschweil, Hexentalstr. 56, 79283 Bollschweil, Internet www.bollschweil.de

Die Seilbahn ermöglicht eine der beliebtesten Schauinsland-Runden: Morgens schwebt man in der Panoramagondel zum Gipfel, genießt an der Bergstation den Blick auf Freiburg und die Vogesen und wandert dann gemütlich zurück zur Talstation in Horben.

Der Wegverlauf

Aus der **Schauinslandbahn-Bergstation** tretend, geht es am Kinderspielplatz vorbei und den namentlichen Richtungsschildern folgend hinauf zum **Schauinsland-Gipfel** mit dem Aussichtsturm. Wer am Parkplatz bei der Bergstation startet, wird ebenfalls von den Richtungsschildern sicher zum nahen Gipfel gelotst. Der Schauinslandturm trägt in 18 m Höhe eine Aussichtsplattform, die eine überragende Aussicht vom Schwarzwald bis zur Schwäbischen Alb, von den Vogesen bis zum Schweizer Jura und zu den Alpen bietet. Panorama-Tafeln erleichtern die Orientierung.

Tipp

Der Steinwasen-Park

Durch diesen Freizeit- und Bergwildpark in einem Tal im Osthang des Schauinsland führt ein Rundweg, auf dem Kinder Damwild füttern und rund 20 weitere Bergtierarten fast hautnah erleben können. Daneben sorgen ein Spielplatz und ein Fahrgeschäftebereich mit Karussells, Schaukeln, Rutschen und Raketen für »Action«. Ein Sessellift bringt die Kinder zur Bergstation der beiden 800 m langen Sommerrodelbahnen. Die 218 m lange »Erlebnisseilbrücke« über dem Tal ist eine der längsten Seilbrücken der Welt.

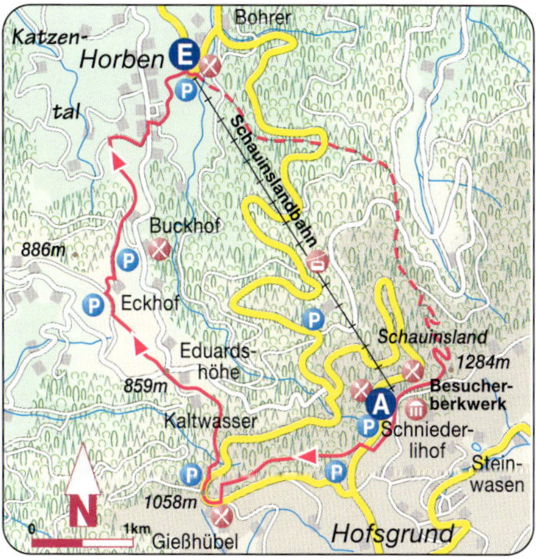

Vom Aussichtsturm geht es zurück zum ersten Parkplatz, dem Parkplatz **Rotlache**. Hier leitet die Markierung »blaue Raute« halb links weiter, parallel zur Straße, von dieser jedoch getrennt durch Bäume und einen kleinen Hügel. Schon nach wenigen Metern öffnet sich eine hervorragende Aussicht zum Feldberg und zum Belchen. Nach etwa fünf Minuten zeigen die Schilder rechts: Wir queren die Straße und folgen vom Parkplatz auf der gegenüberliegenden Straßenseite der Markierung »gelbe Raute« halb links an alten Weidbuchen vorbei in den Wald und dort abwärts. Schließlich treten wir mit Belchen-Blick aus dem Wald, gehen geradeaus (neben dem Grundstück) auf einem Wiesenpfad hinab zur Straße, wenden uns dort rechts zum Gasthaus **Gießhübel** und gehen aussichtsreich aufwärts zum Parkplatz auf dem **Schitterhau**.
Hier zweigen mehrere Wege ab. Wir folgen der Straße bis hinter die Kurve und biegen dann halb links auf einen Forstweg ab, der Richtung Horben im Wald steil abwärts zum **Kaltwasser** führt. Wenn der Weg unten bei einer Sitzbank den Wald verlässt, bietet sich eine wunderschöne Aussicht auf Horben und die Rheinebene. Durch Wiesen geht es weiter zum Wegekreuz an der **Eduardshöhe** und am Parkplatz **Eck** rechts hinab auf einem für den öffentlichen Verkehr gesperrten Teerweg.
Wer einkehren will, beachtet die Ausschilderung **Buckhof**, während unser Weg mit überragender Aussicht auf das Katzen- und das Hexental sowie zum Schönberg abwärts führt, am Ende des Bußwegs rechts auf dem Teerweg »Katzental« nach **Horben**, dort links und gleich darauf rechts abwärts Richtung »Talstation«. Bald darauf zeigt rechts ein Schild »steile Abkürzung« zur **Schauinslandbahn-Talstation**. (Wer die »steile Abkürzung« nicht nimmt, läuft Gefahr, einen größeren Umweg machen zu müssen.)

19 Feldberg und Feldsee

Wo der Schwarzwald am höchsten ist: Feldberger Hof – Feldberg – Feldsee – Feldberger Hof

mittel

11 km

3 Std.

400 m

▶**Tourencharakter:** Überwiegend bequeme, teilweise steile Wanderung auf Pfaden; festes Schuhwerk erforderlich.
▶**Beste Jahreszeit:** Frühjahr bis Herbst.
▶**Ausgangs-/Endpunkt:** Talstation der Feldbergbahn beim Parkplatz am Feldberger Hof.
▶**Wanderkarte:** Wanderkarte 1:35 000 Blatt Hochschwarzwald oder Freizeitkarte 1:50 000 Blatt 505 Freiburg/Kaiserstuhl (beide Landesvermessungsamt Baden-Württemberg).
▶**Markierung:** Rote Raute (Westweg), blaue Raute (Zugangsweg), blaue Scheibe (Abstieg), rote Scheibe (Rückweg) und namentliche Ausschilderungen.
▶**Verkehrsanbindung:** A 5 Basel–Karlsruhe Ausfahrt Freiburg-Mitte, weiter auf der B 31 Richtung Donaueschingen bis Titisee-Neustadt und abbiegen auf die B 500/B 317 Richtung Feldberg.
▶**Einkehr:** Feldberger Hof, Baldenweger Hütte, Rinken, Raimartihof.
▶**Tourist-Info:** Tourist-Information Feldberg, Kirchgasse 1, 79868 Feldberg, Internet www.feldberg-schwarzwald.de

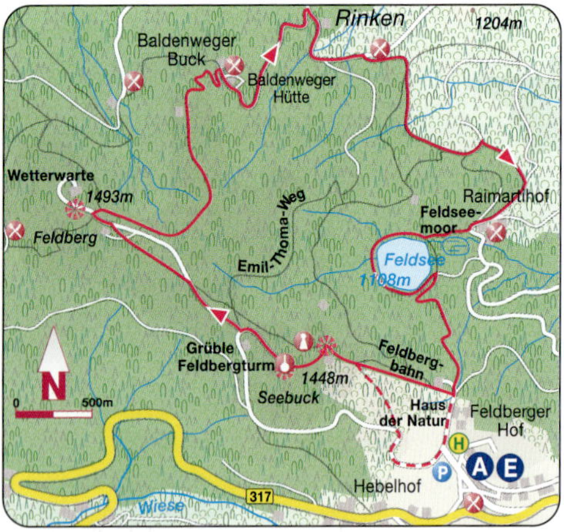

Angesichts einer Durchschnittstemperatur von drei Grad auf dem Feldberg sollte man für diese aussichtsreiche Wanderung einen warmen Pullover zusätzlich dabeihaben und im Bereich des Baldenweger Bucks auch im Juli noch auf Schneefelder eingestellt sein. Bei sonnigem Wetter gilt: Sonnenschutz nicht vergessen.

Der Wegverlauf

Von der Talstation unterhalb des **Feldberger Hofs** und des Naturschutzzentrums **Haus der Natur** (siehe Kasten) schweben die Aussichtsgondeln der **Feldbergbahn** durch den Osthang des Seebucks zum **Bismarck-Denkmal**:

19

Mit einer berauschenden Aussicht auf den Feldsee und den Raimartihof sowie bis hinab zum Titisee beginnt hier die Wanderung. Vom Bismarck-Denkmal führt ein bequemer Weg in aussichtsreichen Wiesen hinüber zum **Feldbergturm**. Seine Aussichtsgalerie bietet bei Fernsicht einen überwältigenden Rundumblick.

Vom Feldbergturm führt der bequeme Panoramaweg in weiten Matten in die **Grüble-Einsattelung** hinab und dann in sanftem Anstieg zum **Feldberggipfel**. Ab hier führt uns die blaue Raute am **Mittelbuck** vorbei über den **Baldenweger Buck**, den Nordausläufer des Feldbergmassivs, zur **Baldenweger Hütte**. Auf der für den öffentlichen Verkehr gesperrten Zufahrt des Gasthofs leitet die blaue Raute hinab zum **Rinken**, wo sich ein Parkplatz und ein weiterer Gasthof befinden.

Am Rinken geht es rechts weiter Richtung »Raimartihof«, nun im schattigen Wald, in dem das Zeichen »gelbe Raute« den Weg weist, anfangs auf einem Weg, später auf einem wurzeligen Pfad, dann wieder auf einem bequemen Weg. Der **Raimartihof** im oberen Seebachtal in unmittelbarer Nähe des Feldsees ist ein 300 Jahre alter, autofreier Hof mit original Schwarzwälder Bauernstube und altem Kachelofen.

Vom Raimartihof leitet ein mit dem Zeichen »gelbe Raute« markierter Weg zum sagenumwobenen nahen **Feldsee**. Er ist der Quellsee der Wutach, die im Südosten des Schwarzwalds eine der wildesten Schluchten des gesamten Gebirges ausgetieft hat. Vom Feldsee führt der mit der gelben Raute markierte Karl-Egon-Weg steil und in Serpentinen hinauf zur Talstation der Feldbergbahn beim **Feldberger Hof** und dem **Haus der Natur** am Ausgangspunkt.

Tipp

Naturschutzzentrum »Haus der Natur«

Das am Parkplatz bei der Gondelbahn und dem Hotel »Feldberger Hof« gelegene Naturschutzzentrum des Feldbergs informiert über Landschaftsgeschichte, Wald- und Weidewirtschaft, Naturschutz und Tourismus im Feldberg-Naturschutzgebiet und im Naturpark Südschwarzwald. Auch der Feldberg-Ranger hat hier als hauptamtlicher Naturschutzwart seinen Sitz.

Wichtelpfad im Auerhuhnwald

Im Winter veranstaltet das Haus der Natur kostenlose geführte Schneeschuhtouren bzw. verleiht Schneeschuhe für Wanderungen auf eigene FaustAm Café »Waldvogel«, 200 m vom Naturschutzzentrum entfernt in unmittelbarer Nähe der Bushaltestelle »Feldberger Hof«, beginnt der »Wichtelpfad im Auerhuhnwald«, ein Naturerlebnispfad für Kinder. Als echter Wurzelpfad ist er für Kinderwagen ungeeignet; jedoch können Eltern im Haus der Natur gegen geringe Gebühr Rückentragen ausleihen. Zwei Stunden sollten für die Begehung des 1,8 km langen Pfads eingeplant werden, außerdem sollte man ihn wegen des Schneereichtums am Feldberg nicht zu früh im Jahr angehen: 2006 war der Wichtelpfad erst ab 15. Juni gefahrlos begehbar.

Auf dem Feldberggipfel erläutert eine Orientierungstafel das Panorama.

20 Staufen, Sulzburg, Kastelberg

Durch Wald und Weinberge: Staufen – Katzenstuhl – Enggründlekopf – Sulzburg – Kastelberg – Staufen

- mittel
- 15 km
- 4 Std.
- 500 m

▶**Tourencharakter:** Wald- und Weinbergwanderung auf meist bequemen Wegen, nur der Aufstieg zum Enggründlekopf ist steil.
▶**Beste Jahreszeit:** Frühjahr und Herbst.
▶**Ausgangs-/Endpunkt:** Bahnhof Staufen (Breisgau). Ein Großparkplatz befindet sich zwischen der Altstadt und dem Fluss Neumagen.
▶**Wanderkarte:** Freizeitkarte 1:50 000 Blatt 508 Lörrach/Naturpark Südschwarzwald Blatt 3 (Landesvermessungsamt Baden-Württemberg).
▶**Markierung:** Goldene Weintrauben in roter Raute (Wiiwegli), gelbe Raute und namentliche Ausschilderungen.
▶**Verkehrsanbindung:** Bahnlinie Bad Krozingen – Staufen – Münstertal. Mit dem Auto A 5 Basel–Karlsruhe Ausfahrt Bad Krozingen.
▶**Einkehr:** Staufen, Grunern, Sulzburg, Ballrechten.
▶**Tourist-Info:** Tourist-Information Staufen, Hauptstr. 53 (im Rathaus), 79219 Staufen im Breisgau, Internet www.staufen.de; Tourist-Information Sulzburg, Am Marktplatz, 79295 Sulzburg, Internet www.sulzburg.de

Von Staufen mit seinem sehenswerten mittelalterlichen Altstadtkern führt diese wald- und aussichtsreiche Weinbergwanderung über das Enggründle in die Bergbau- und ehemals markgräfliche Residenzstadt Sulzburg und auf dem Markgräfler Wiiwegli über den Kastelberg zurück.

Am Priorsfelsen – hoch überm Markgräflerland

Der Wegverlauf

Vom **Bahnhof Staufen** geht es ins autofreie Zentrum der sehenswerten Altstadt. Am malerischen Marktplatz läuft man rechts durch die Fußgängerzone weiter zur Brücke über den Neumagen, kurz flussaufwärts und an der evangelischen Kirche vorbei, dann taucht das Wiiwegli hinter dem **Bahnhof Staufen Süd** in die Rebfluren ein und führt hinüber in das Winzerdorf **Grunern**.

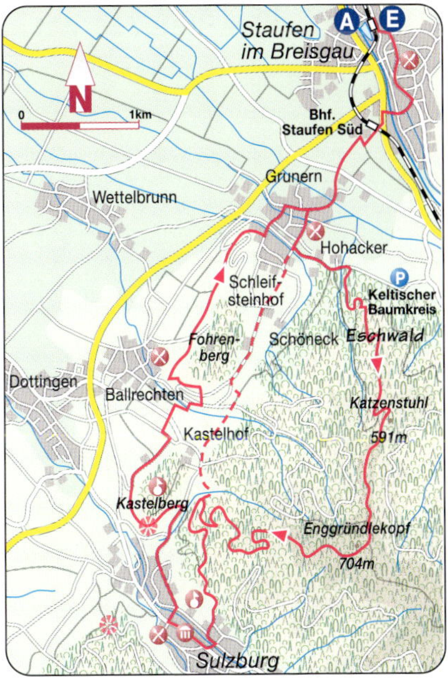

Beim Rathaus verlassen wir das Wiiwegli, zweigen links auf die Altenbergstraße ab und folgen ihr mit der Markierung »gelbe Raute« bis zum Friedhof. Hier links auf dem Eschwaldweg Richtung Wald (weiter geradeaus befindet sich der keltische Baumkreis). Kurz hinter der Ausmündung des Katzentals wechselt die Markierung rechts auf den Bergrücken und leitet auf dem Waldpfad mit immer wieder sehr schöner Aussicht hinauf zum **Katzenstuhl**.

Nach kurzem Verschnaufen geht es weiter aufwärts zum **Enggründlekopf** auf dem alten »Dreiländereck« zwischen Staufen, Sulzburg und Münstertal. Hier führen Richtungswegweiser und die gelbe Raute rechts hinab nach **Sulzburg**, anfangs auf einem steilen Pfad, dann auf bequemen Forstwegen. Sulzburg hat eine sehenswerte spätmittelalterliche Altstadt mit historischem Stadttor. Außerhalb (unterhalb) des Stadttors leitet die Trauben-Markierung des Wiiwegli dem **Kastelberg** zu; der Abstecher zum Aussichtsturm ist ausgeschildert. Ebenfalls ein Naturparadies ist der Gipfelbereich: Als Standort seltener Gehölz- und Halbtrockenrasengesellschaften sowie ausgedehnter Gebüschflächen, die zahlreichen Vogel- und Insektenarten Lebensraum bieten, steht er unter Naturschutz.

Im rebenbedeckten Westhang des Kastelbergs führt das Wiiwegli zur Straußenwirtschaft »Ziegelhof« in **Ballrechten** und dann durch die Weinhänge des **Fohrenbergs** zurück nach **Grunern**. Dort nehmen wir am Rathaus den gleichen Weg wie hinzu zurück nach **Staufen**.

Tipp

Keltischer Baumkreis am Eschwald

Der im Jahr 2000 gepflanzte »keltische Baumkreis« am Waldparkplatz Eschwald in Grunern erinnert an die Kelten, deren Kultur in vieler Hinsicht – Namen, Mythen, Märchen – im Schwarzwald bis heute fortlebt. Der Baumkreis erinnert an dieses Volk und seinen Mondkalender: Das keltische Jahr war eingeteilt in 13 Monate zu 28 Tagen plus einen Schalttag (23.12.). Jedem Monat, den Winter- und Sommersonnenwenden sowie den Frühlings- und Herbst-Tagundnachtgleichen wurde ein Baum, eine Pflanze zugeordnet.

21 Vom Belchen nach Todtnau

Großartige Höhenwanderung ins Wiesental: Belchen – Wiedener Eck – Knöpflesbrunnen – Todtnau

anspruchsvoll

15 km

4 Std.

400 m

▶ **Tourencharakter:** Aussichtsreiche Höhenwanderung auf überwiegend bequemen Wegen, anfangs auch auf steilen Pfaden.
▶ **Beste Jahreszeit:** Frühjahr bis Herbst, nicht bei Schneelage.
▶ **Ausgangspunkt:** Bergstation der Belchenbahn.
▶ **Endpunkt:** Busbahnhof in Todtnau. Man parkt am besten in Todtnau beim Busbahnhof, fährt mit dem Bus hinauf zur Talstation der Belchenbahn und wandert dann nach Todtnau.
▶ **Wanderkarte:** Wanderkarte 1:35 000 Wiesental oder Freizeitkarte 1:50 000 Blatt 508 Lörrach/Naturpark Südschwarzwald Blatt 3 (Landesvermessungsamt Baden-Württemberg).
▶ **Markierung:** Blaue Raute, rote Raute, gelbe Raute und namentliche Ausschilderungen.
▶ **Verkehrsanbindung:** Vom Todtnauer Busbahnhof zur Talstation der Belchen-Seilbahn fährt der Belchenbus (Wanderbus).
▶ **Einkehr:** Jägerstüble, Belchenhaus, Wiedener Eck, Wieden, Knöpflesbrunnen, Todtnau.
▶ **Tourist-Info:** Belchenland Tourismus, Gentnerstr. 2, 79677 Schönau im Schwarzwald, Internet www.belchenland.com; Tourismusinformation Todtnauer Ferienland, Kurhaus, 79674 Todtnau-Todtnauberg, Internet www.todtnauer-ferienland.de

Tipp

Kinderspaß am Hasenhorn

Die Bergstation des Todtnauer Hasenhorn-Sessellifts (siehe Seite 11) ist Startpunkt des Hasenhorn-Coasters, einer der längsten (2,9 km) Ganzjahresrodelbahnen Deutschlands. Auch zahlreiche Wanderwege nehmen hier ihren Anfang, z. B. der Zauberweg. Er führt auf den Spuren der Hasenhorn-Wichtel und -Zaubersteine in 1 bis 1,5 Std. zu Tal.
Am Hasenhorn gibt es auch einen Mountainbikepark, und auch der Todtnauer Klettergarten unten im Wiesental beim Freibad lohnt einen Besuch.

Vom schönsten Panoramaberg des Südschwarzwalds führt diese aussichtsreiche Höhenwanderung nach Todtnau im Wiesental. Für Familien mit kleineren Kindern ist schon der Natur- und Kulturlehrpfad vom Belchenhaus zum Gipfel ein lohnendes Unternehmen. Wer die Tour abkürzen will, fährt vom Berghotel »Wiedener Eck« mit dem Belchenbus zurück zur Talstation der Belchen-Seilbahn.

Der Wegverlauf

An der **Talstation** der **Belchen-Seilbahn** endet beim Hotel »Jägerstüble« der für den öffentlichen Verkehr einschließlich des Busverkehrs freigegebene Teil der Belchenstraße an einem Parkplatz. Die Gondeln der Seilbahn schweben in wenigen Minuten hinauf zur **Bergstation** beim **Belchenhaus** (Gasthof). Die ehemalige Belchenstraße kann auch mit Kinderwagen und Mountainbikes befahren werden (steil). Vom Belchenhaus führt ein Natur- und

Letzte Schritte zum Gipfelkreuz auf dem Belchen

Kulturlehrpfad aussichtsreich und bequem auf den von subalpinen Wiesenmatten bedeckten **Belchen-Gipfel**, der an klaren Tagen das schönste Panorama im Schwarzwald gewährt. Vom Gipfelkreuz geht es in Verlängerung des Aufstiegswegs ostwärts durch den Hang, bis der mit der roten Raute markierte Westweg quert (er führt vom Belchenhaus herüber). Er führt links weiter, wechselt am Rand der Belchen-Kuppe in den nördlichen Steilhang, in dem bis in den Juli hinein Schneereste liegen können, und führt auf einem steilen, wurzeligen Serpentinensteig im **Rübgartenwald** hinab zur **Krinne**. An diesem Sattel befinden sich ein Brunnen und eine Schutzhütte.

21

Vom Krinne-Sattel führt der Westweg scharf links durch den bewaldeten Hang des **Heidsteins** und folgt dann einem urtümlichen Pfad, von dem aus sich immer wieder großartige Ausblicke Richtung Schauinsland ergeben, die umso schöner werden, je mehr sich der Westweg dem **Wiedener Eck** nähert. Das Wiedener Eck, an dem das gleichnamige Berghotel zur Einkehr lädt, ist die Passhöhe zwischen Münstertal und Wiesental.

Am Wiedener Eck verlassen wir den Westweg und folgen der Markierung »blaue Raute« in Wiesen hinab in den reizvollen Erholungsort **Wieden**, in einem der schönsten Seitentäler des Wiesentals gelegen. Im Ortsteil **Säge** verlässt der Wanderweg das Tal und führt auf dem Finstergrundweg – der Abstecher zum Besucherbergwerk ist ausgeschildert – recht steil hinauf zum am Rand von Wiesen gelegenen Almgasthaus **»Knöpflesbrunnen«**. Dieses viel besuchte Wanderziel bietet auch Zimmer zu wandererfreundlichen Preisen an. Vom Knöpflesbrunnen ist es – stets geleitet von der blauen Raute – nicht mehr weit bis **Todtnau** im Wiesental.

Am Belchenhaus

Bildstein und Riesenbühlturm

22

Panoramafelsen und Aussichtsturm hoch über dem Schluchsee: Aha – Bildstein – Fischbach – Hinterhäuser – Riesenbühlturm – Schluchsee – Aha

▶**Tourencharakter:** Anfangs steile, dann bequeme Wanderung auf gut ausgebauten Wegen und auf Pfaden.
▶**Beste Jahreszeit:** Frühjahr bis Herbst.
▶**Ausgangs-/Endpunkt:** Bahnhof Aha in Schluchsee-Aha an der Dreiseenbahn.
▶**Wanderkarte:** Wanderkarte 1:35 000 Hochschwarzwald oder Freizeitkarte 1:50 000 Blatt 509 Waldshut-Tiengen/Schluchsee (Landesvermessungsamt Baden-Württemberg).
▶**Markierung:** Blaue Raute (Zugangsweg), rote Raute (Mittelweg), gelbe Raute (Seerundweg u. a.) und namentliche Ausschilderungen.
▶**Verkehrsanbindung:** Dreiseenbahn Titisee – Bärental – Aha – Schluchsee – Seebrugg. Mit dem Auto B 500 Triberg – Titisee – Schluchsee – Waldshut.
▶**Einkehr:** Aha, Fischbach, Hinterhäuser, Schluchsee.
▶**Tourist-Info:** Tourist-Information Schluchsee, Fischbacher Str. 7, 79857 Schluchsee, Internet www.schluchsee.de

mittel
15 km
4 Std.
400 m

Der Bildstein-Felsen, an dem die Kinder etwas kraxeln müssen, und der Riesenbühlturm hoch über dem Schluchsee sind zwei der schönsten Aussichtspunkte im Hochschwarzwald. Zum Abschluss der Wanderung lohnt im Sommer das Bad im größten See des Schwarzwalds, der Naturbadestrand befindet sich nur wenige Minuten vom Ausgangs- und Endpunkt der Tour entfernt.

Der Wegverlauf

Vor dem kleinen **Bahnhof Aha** stehen neben einer Wegeübersichtstafel die Wanderwegeschilder: Rechts geht es mit dem Zeichen »blaue Raute« neben dem Hotel hinab mit Richtungsangabe »Lenzkirch«. An der Verzweigung unten bei der Bundesstraßenunterführung – durch diese Unterführung ist der Strand erreichbar – wenden wir uns rechts und wandern hinter der Bahnunterführung geradeaus aufwärts. Bald verzweigen sich die

22

Wege: Rechts führt die blaue Raute nach Schluchsee (E 1), während der Bildstein-Weg steil weiter aufwärts führt, zuletzt auf einem Serpentinensteig. Für die Mühe des Aufstiegs zum **Bildstein** entschädigt eines der schönsten Hochschwarzwald-Panoramen.

Nach diesem steilen Aufstieg wird die Wanderung bequem: Die blaue Raute führt anfangs auf einem Pfad abwärts im Wald, dann geht es auf einem Forstweg hinab nach **Schluchsee-Fischbach** im Fischbachtal. Hier verlassen wir die blaue Raute, gehen längs der Straße kurz Richtung Schluchsee und folgen dann der gelben Raute mit Richtungsangabe »Hinterhäuser« links hinauf in die aussichtsreichen Wiesen. Nach kurzem Anstieg im **Gfällwald** senkt sich der Weg hinab in das idyllisch gelegene Dorf **Hinterhäuser** und mündet im Wald dahinter auf den Mittelweg (rote Raute, zugleich E 1). Ihm folgen wir rechts und vor den **Waldhöfen** wieder rechts zur Kreuzung am aussichtsreichen **Vogelhaus** mit kleiner Kapelle und Kreuz.

Paddeln auf dem Schluchsee

Weiter geht es auf dem Riesenbühlrundweg im Hang des Schluchseer Hausbergs hoch über dem Fischbachtal, der kurze Abstecher auf dem Walliweg zum 2001 eingeweihten **Riesenbühlturm** mit seiner überdachten Aussichtsplattform ist ausgeschildert.

Vom Riesenbühl führt der Mittelweg hinab zur Dresselbacher Straße und folgt ihr rechts hinab ins Ortszentrum von **Schluchsee**. Hier hat man zwei Möglichkeiten, nach Aha zurückzukehren: 1.) Die blaue Raute führt bequem und mit guten Aussichtsstellen durch den bewaldeten Hang. 2.) Die gelbe Raute führt vom Bahnhof Schluchsee immer am Ufer des Schluchsees entlang und zurück zum **Bahnhof Aha** – dies ist die abwechslungsreichere Route.

Tipp

Wassersportparadies Schluchsee

Der Schluchsee (930 m) ist der größte Schwarzwaldsee und ein echtes Paradies nicht nur für Segler und Surfer. Seine nahezu unverbaute Uferlinie macht ihn ebenso zu einem Eldorado für Wanderer und Radwanderer, seine Naturstrände locken im Sommer Badegäste von nah und fern. Der Europäische Fernwanderweg E 1 führt über dem Nordufer dieses Stausees entlang, der sich auf bequemen Wegen auch mit dem Rad umrunden lässt.

Am Riesenbühlturm

23 Durch die Lotenbachklamm zur Schattenmühle

Im Bann der Wutach: Bonndorf – Galgenbuck – Lotenbachklamm – Schattenmühle – Wutachschlucht – Bad Boll – Bonndorf

anspruchsvoll

12 km

3½ Std.

300 m

▶**Tourencharakter:** Schluchtwanderung auf zum Teil schmalen Pfaden und Steigen, Trittsicherheit und Wanderkenntnisse erforderlich.
▶**Beste Jahreszeit:** Frühjahr bis Herbst, nicht bei hohen Wasserständen.
▶**Ausgangs-/Endpunkt:** Bushaltestelle (856 m) am ehemaligen Bahnhof in Bonndorf.
▶**Wanderkarte:** Wanderkarte 1:35 000 Schwarzwald-Baar Süd oder Freizeitkarte 1:50 000 Blatt 509 Waldshut-Tiengen/Schluchsee/Naturpark Südschwarzwald Blatt 4 (Landesvermessungsamt Baden-Württemberg).
▶**Markierung:** Blaue Raute (Zugangsweg), weiß-rote Raute (Querweg Freiburg–Bodensee) und namentliche Ausschilderungen.
▶**Verkehrsanbindung:** Ab Löffingen Bahnhof verkehrt von Anfang Mai bis Ende Okt. nur Sa/So/Fei der SBG-WanderBus Wutachschlucht; er fährt u. a. die Schatten- und die Wutachmühle an. Wer mit dem Auto anreist, benutzt die B 31 Freiburg – Titisee – Donaueschingen.
▶**Einkehr:** Bonndorf, Schattenmühle.
▶**Tourist-Info:** Stadt Bonndorf, Martinstr. 8, 79848 Bonndorf im Schwarzwald, Internet www.bonndorf.de; Tourist-Information Löffingen, Rathausplatz 14, 79843 Löffingen, Internet www.loeffingen.de

Diese abwechslungsreiche Rundwanderung führt zu drei der sehenswertesten und abenteuerlichsten Gebieten der felsigen Wutachschlucht. Wer sich mit den Kindern gleich mitten ins Geschehen begeben will, startet an der Lotenbrücke und wandert an den Wasserfällen des Lotenbachs entlang in die wilde Schlucht.

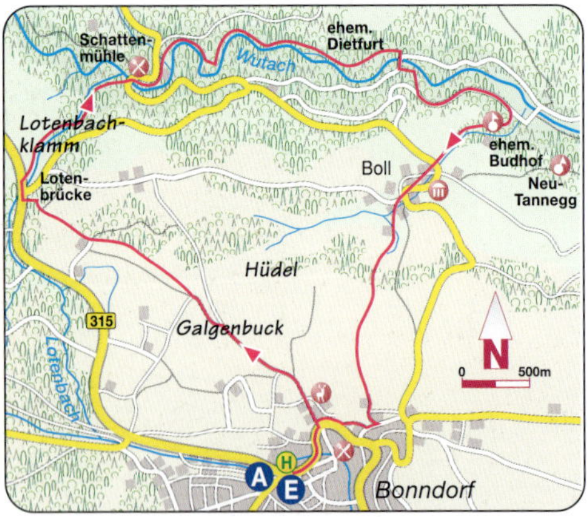

Der Wegverlauf

Von der Bushaltestelle am ehemaligen Bahnhof in **Bonndorf** folgen wir der Durchgangsstraße B 315 (Martinstraße) kurz stadteinwärts und zweigen in der Rechtskurve links auf die Bergstraße ab. Der mit der blauen Raute bezeichnete Feldweg führt durch Feld- und Wiesenfluren hinauf zum **Galgenbuck**, der ehemaligen Gerichtsstätte. An der Verzweigung bei der Überlandleitung geht es auf dem linken Weg weiter durch Wiesen, wo-

23

bei wir bald nach Passieren des **Hebsack-Hofs** den Wanderparkplatz am oberen Ansatz der Lotenbachklamm erreichen.

Auf der linken Seite des Bachs führt der Pfad hinab in die unter Naturschutz stehende **Lotenbachklamm** mit ihren Felsen, Wasserfällen und artenreichem Wald. Beim unteren Ausgang der Lotenbachklamm lädt in der Wutachschlucht die **Schattenmühle** zur Einkehr ein. In unmittelbarer Nähe des Gasthauses befindet sich ein Wanderparkplatz mit Infopavillon zur Wutachschlucht sowie eine Grillstelle.

Von der Schattenmühle führen Querweg und E1 auf einem Waldpfad am linken Ufer flussabwärts und zuletzt auf der aufgelassenen Reiselfinger Landstraße zur ehemaligen **Dietfurter Mühle**. Hier überqueren Querweg und E1 die Wutach auf einer Brücke und führen links am **Durchlöcherten Felsen** vorbei nach **Bad Boll**. Das einzige Zeugnis des Kurbads Bad Boll, dessen letzte Gebäude 1991 abgerissen wurden, ist eine alte Kapelle. Die Natur hat den wundersamen Ort zurückerobert.

Von Bad Boll aus führt die Zugangsweg-Markierung »blaue Raute« vorbei an der **Ruine Boll** (Neu-Tannegg) hinauf in das Dorf **Boll**. Auf dem Kapellenweg geht es teilweise mit guter Aussicht weiter aufwärts zur **Josefskapelle** und zurück nach **Bonndorf**, wo abschließend ein Besuch des **Narrenmuseums** zu empfehlen ist.

Schmaler, spannender Wanderpfad in der Wutachschlucht

24 Über den Tüllinger Berg zur Burg Rötteln

Aussichtsreich zu einer der größten Burganlagen des Schwarzwalds: Obertüllingen – Tumringen – Burg Rötteln – Haagen

leicht

10 km

2 1/2 Std.

200 m

▶**Tourencharakter:** Wald- und aussichtsreiche Höhenwanderung auf Wegen.
▶**Beste Jahreszeit:** Frühjahr und Herbst.
▶**Ausgangspunkt:** Ottilienkirche in Lörrach-Obertüllingen.
▶**Endpunkt:** S-Bahnhof Haagen in Lörrach.
▶**Wanderkarte:** Freizeitkarte 1:50 000 Blatt 508 Lörrach/Belchen (Landesvermessungsamt Baden-Württemberg).
▶**Markierung:** Rote Raute (Westweg) und namentliche Ausschilderungen.
▶**Verkehrsanbindung:** S-Bahn-Linie S 6 bis Lörrach (Wiesental-S-Bahn), dann Bus nach Obertüllingen. Mit dem Auto A 98 Ausfahrt Lörrach und auf der B 317 Richtung Basel, an einer Ampelanlage rechts hinauf nach Obertüllingen (ausgeschildert).
▶**Einkehr:** Burg Rötteln.
▶**Tourist-Info:** Tourist-Information Lörrach, Burghof, Herrenstr. 5, 79539 Lörrach, Internet www.loerrach.de

Die Burgruine Rötteln

24

Vom aussichtsreichen Tüllinger Berg hoch über Lörrach führt diese Höhenwanderung zur Burgruine Rötteln, einer der imposantesten Burganlagen des Schwarzwalds, und in den Landschaftspark »Im Grütt« im Wiesental.

Der Wegverlauf

Obertüllingen, das »Dorf auf der Höhe« über dem Wiesen- und dem Rheintal, ist das südlichste Schwarzwalddorf. Vom aussichtsreichen Parkplatz, von dem sich ein herrlicher Blick auf Basel bietet, lohnt der 1-Min.-Abstecher (rote Westweg-Raute) abwärts zur **Ottilienkirche** im Hang des **Tüllinger Berges**, wo man autofrei die fantastische Aussicht auf Lörrach im Wiesental und auf die Basler Bucht am Rheinknie genießen kann. Dahinter erheben sich die Berge des Jura und bei klarer Sicht grüßen die weißen Zinnen der Schweizer Alpen, während der Blick westwärts über Weil am Rhein und die Oberrheinebene hinweg bis zu den Vogesen schweift.

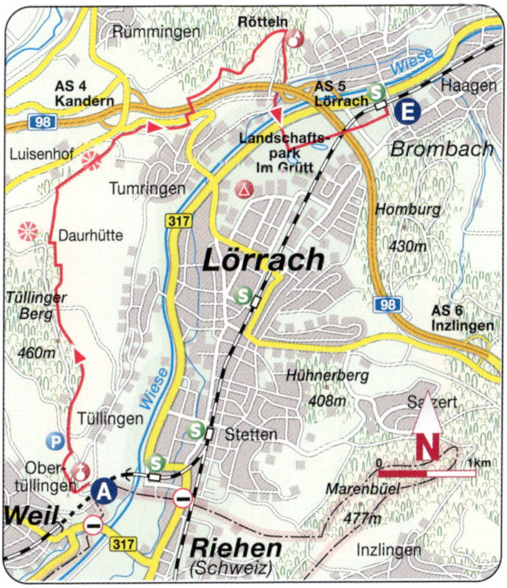

24

Von der Ottilienkirche führt der Westweg zurück zum **Waldparkplatz Obertüllingen**, an dem sich ein Grillplatz bei mehrhundertjährigen Linden befindet, weshalb der Platz auch »Lindenplatz« genannt wird. Von den Linden führt der Westweg in sachtem Anstieg über den Bergkamm. Über Lörrach und Haagen im Wiesental schweift der Blick hinauf zum Ziel, die Burgruine Rötteln, und zu den Schwarzwaldbergen. Nach Queren des Haltinger Wegs überquert der Westweg die unsichtbare Grenze zwischen Lörrach und Weil und erreicht bald darauf die **Daurhütte**, eine schön gelegene Schutzhütte mit Grillstelle; hier kann man gut picknicken.

Aussichtsreich geht es weiter, beim **Luisenhof** wechselt der Westweg zurück auf Lörracher Stadtgebiet, und nun wird es vorübergehend wegen der nahen Autobahn laut. Beim Friedhof am Ortseingang von **Tumringen** unterquert der Westweg die Autobahn und führt am Parkplatz vorbei hinauf zur Burg Rötteln.

Burg Rötteln auf einem Bergsporn hoch über dem Wiesental war die mittelalterliche Keimzelle und über Jahrhunderte hinweg die Residenz des Markgräflerlands und ist eine der größten und eindrucksvollsten Burgruinenanlagen im Schwarzwald.

Von Burg Rötteln führt die Markierung »gelbe Raute« abwärts Richtung Lörrach. Der schmale Weg schlängelt sich unter der Autobahnausfahrt hindurch, erreicht die Wiese, überquert sie auf der Stegbrücke und taucht ein in den Landschaftspark »Im Grütt«, die größte Grünanlage Lörrachs und ein viel besuchtes Erholungs- und Freizeitgebiet mit einem Naturlehrpfad, verschiedenen Sportanlagen und einem Campingplatz. Herz der vom Grüttbach durchflossenen Anlage ist der Grüttsee mit dem Rosencafé und mit Blick auf die Burgruine Rötteln. Der S-Bahnhof **Haagen** befindet sich im Nordteil beim Messegelände.

Tipp

Vogelpark Steinen

In diesem landschaftlich besonders schön gelegenen Vogelpark haben 300 Vogelarten aus aller Welt ebenso ein Zuhause wie Berberaffen, Kapuziner- und Weißbüschel-Äffchen sowie Kängurus. An der Falkneranlage finden täglich um 11 und 15 Uhr Greifvogel-Flugvorführungen mit Adlern, Falken und Eulen statt. Nach der Flugshow darf man auch einen Uhu streicheln. Um 12 und 16 Uhr kann man der Fütterung der Berberaffen zuschauen. Am Rand des Parks gibt es noch einen großen Spiel- und Erlebnisbereich, ein Streichelgehege mit Zwergziegen, eine Gartenwirtschaft, Grillplätze und Schutzhütten.

Murgtalpfad

Postkutschenweg durch die Murgschlucht: Steinernes Kreuz – Hottingen – Strahlbrusch – Murg

25

leicht

21 km

5 1/2 Std.

100 m

▶**Tourencharakter:** Anfangs aussichtsreiche Höhenwanderung, ab Hottingen bequeme Talwanderung auf fahrradfähigen Wegen. Mit kleinen Kindern teilt man die Wanderung in Hottingen.
▶**Beste Jahreszeit:** Frühjahr bis Herbst.
▶**Ausgangspunkt:** Parkplatz und Bushaltestelle Steinernes Kreuz in Herrischried.
▶**Endpunkt:** Bahnhof Murg. Wer in aufsteigender Richtung wandert, kann gut am Freibad parken.
▶**Wanderkarte:** Freizeitkarte 1:50 000 Blatt 509 Waldshut-Tiengen/Schluchsee oder Wanderkarte 1:30 000 Hotzenwald (beide Landesvermessungsamt Baden-Württemberg).
▶**Markierung:** L (Lehrpfad) und namentliche Ausschilderungen.
▶**Verkehrsanbindung:** B 34 Waldshut – Bad Säckingen – Rheinfelden und in Bad Säckingen oder Murg abzweigen nach Herrischried. Vom Bahnhof Murg besteht Busverbindung zur Haltestelle »Herrischried Steinernes Kreuz« am Ausgangspunkt. Wer nur den Schluchtabschnitt durchwandern will, startet in Rickenbach-Hottingen (Haltestelle »Hottingen Ort«).
▶**Einkehr:** Lochhäuser, Murg.
▶**Tourist-Info:** Tourist-Information Herrischried, 79737 Herrischried, Internet www.herrischried.de; Tourist-Information Görwihl, Hauptstr. 51 (Rathaus), 79733 Görwihl, Internet www.goerwihl.de; Tourist-Information Rickenbach, Hauptstr. 7 (Rathaus), 79736 Rickenbach/Hotzenwald, Internet www.rickenbach.de; Tourist-Info Gemeinde Murg, Hauptstr. 52, 79730 Murg, Internet www.murg.de

Durch das wildromantische Murgtal im Hotzenwald führt diese Wanderung. Wer nur eine kleine Schnuppertour unternehmen will, startet am kleinen Wanderparkplatz bei der Lochmühle und wandert talaufwärts zum Wasserfall Strahlbrusch. Hin und zurück ist man eine gute Stunde unterwegs.

Der Wegverlauf

Der Pfad führt durch zwei landschaftlich verschiedene Gebiete: Von der Quelle bis Hottingen herrschen Hochflächen und aussichtsreiche Wiesenrücken vor, erst ab dem Pfaffensteg unterhalb des Hottinger Beckens beginnt die Murgschlucht, in der der Lehrpfad der ehemaligen Postkutschenstrecke mit ihren Felstunneln folgt: Kilometerlang findet sich hier kein Haus, nur das dichte Grün des Schluchtwalds, das Brausen der Murg und immer wieder sonnige Talauen mit farbenprächtigen Blumenwiesen. Die autofreie Postkutschenstrecke ist fahrradfähig und wird zu touristischen Zwecken von Postkutschen befahren, allerdings darf man sich keinen glatten Asphaltweg vorstellen: An steileren Strecken ist Vorsicht geboten. Entlang des Murgtalpfades sind Anlagen zur »Sinneswahrnehmung«, Spielgeräte und interaktive Ausstellungsstücke installiert, die praktische Erfahrungen zum Leben im und am Wald und am Wasser vermitteln.

Vom **Steinernen Kreuz** führt der Murgtalpfad zur Biologischen Station in **Lochhäuser** im **Haus Murgquelle**, einem der schönsten Naturkundemuseen des Naturparks Südschwarzwald. Auf den folgenden 2 km bis zum **Klausenhofmuseum**, einem Freilichtmuseum zur bäuerlichen Geschichte in **Großherrischwand**, finden sich neun naturkundliche und geschichtliche Stationen des Lehrpfads. In Großherrischwand befindet sich auch die **Freilichtbühne Klausenhof**.

In den Wiesen und Wäldern über dem Murgtal geht es weiter in den Herrischrieder Ortsteil **Mühle** und hinab zur **Hetzlenmühle**. Der Murgtalpfad schwingt sich wieder hinauf in den Hang rechts der Murg, wechselt auf der nächsten Brücke hinüber nach **Hogschür**, dort rechts (Wührenstraße) und wieder hinab zum Fluss, ehe nach Passieren von **Hottingen** am **Pfaffensteg** die Schluchtwanderung beginnt. Hier taucht der Murgtalpfad in die wildromantische, von

25

Steilhängen und Felsen flankierte Murgtalschlucht ein und führt in üppiger Vegetation abwärts. Zu den Höhepunkten zählt der kurz hinter dem ersten Felsentunnel erreichte Wasserfall **Strahlbrusch**, ein rund 4 m hoher Wasserfall. Die schroffe Klippe, über die der Seelbach ins Murgtal hinabstürzt, ist mit bunten Flechten überzogen, die hier in verschiedenen, teils seltenen Arten auftreten.

Kurz nach der Abzweigung des Wegs bei den **Elendslöchern** Richtung Hänner führt der Weg durch einen weiteren Felsentunnel, und hinter dem dritten Tunnel kreuzt der Hochrhein-Querweg die Schlucht. Auf dem Querweg erreicht man in einem steilen Aufstieg die **Ruine Wieladingen** hoch über der Schlucht. Der Bergfried der im 12./13. Jh. erbauten Burg ist als Aussichtsturm begehbar und bietet einen weiten Blick ins Rheintal und zum Schweizer Jura. Auf- und Abstieg sind steil und abenteuerlich: Der schmale Steig führt an Kaskaden und kleinen Wasserfällen des Lehenbachs vorbei, der von der steilen Felsenhöhe in das Murgtal hinabrauscht. An der ehemaligen **Lochmühle**, deren Mühlrad restauriert wurde, weitet sich die Schlucht ein wenig. Schließlich erreicht der Murgtalpfad die Häuser von **Murg** mit dem Freibad am Hochrhein.

Tipp

Postkutschenfahrt im Murgtal

Derzeit verkehrt im Murgtal von Mai bis September jeden ersten und dritten Samstag im Monat wieder eine Postkutsche. Gebucht werden kann die 1 ½-stündige Fahrt über die Tourist-Information der Gemeinde Murg.

Hotzenwaldkühe lagern mit schöner Aussicht in den saftigen Wiesen.

REGISTER